DONA JANUÁRIA, A PRINCESA DA INDEPENDÊNCIA

O conde d'Áquila em desavença com d. Pedro II e a luta contra Garibaldi

Dados Internacionais de Catalogação na Publicação (CIP)
(Simone M. P. Vieira - CRB 8ª/4771)

Bragança, Dom Carlos Tasso de Saxe-Coburgo e
    Dona Januária, a princesa da independência : o conde
d'Áquila em desavença com d. Pedro II e a luta contra
Garibaldi / Dom Carlos Tasso de Saxe-Coburgo e Bragança.
– São Paulo : Editora Senac São Paulo, 2022.

    Bibliografia
    ISBN 978-85-396-3732-4 (Impresso/2022)
    e-ISBN 978-85-396-3733-1 (ePub/2022)
    e-ISBN 978-85-396-3734-8 (PDF/2022)

    1. História do Brasil : História 2. Dona Januária (1822
– 1901) : Brasil império : História I. Autor. II. Título.

22-1710t   CDD – 981
                                            BUS HIS033000

Índice para catálogo sistemático:

1. Dona Januária : História do Brasil   981

Dom Carlos Tasso de Saxe-Coburgo e Bragança

DONA JANUÁRIA,
A PRINCESA DA
INDEPENDÊNCIA

*O conde d'Áquila em
desavença com d. Pedro II
e a luta contra Garibaldi*

Editora Senac São Paulo – São Paulo – 2022

ADMINISTRAÇÃO REGIONAL DO SENAC NO ESTADO DE SÃO PAULO
Presidente do Conselho Regional: Abram Szajman
Diretor do Departamento Regional: Luiz Francisco de A. Salgado
Superintendente Universitário e de Desenvolvimento: Luiz Carlos Dourado

EDITORA SENAC SÃO PAULO

Conselho Editorial: Luiz Francisco de A. Salgado
Luiz Carlos Dourado
Darcio Sayad Maia
Lucila Mara Sbrana Sciotti
Luís Américo Tousi Botelho

Gerente/Publisher: Luís Américo Tousi Botelho
Coordenação Editorial/Prospecção: Dolores Crisci Manzano e Ricardo Diana
Administrativo: grupoedsadministrativo@sp.senac.br
Comercial: comercial@editorasenacsp.com.br

Edição de Texto: Eloiza Mendes Lopes
Preparação de Texto: Ana Lúcia Mendes Reis
Revisão de Texto: Marcelo Nardeli
Editoração Eletrônica e Capa: Antonio Carlos De Angelis
Foto da Capa: *Quarto do estudo em São Cristovão*. Da esquerda para direita,
dona Francisca, dom Pedro II e dona Januária. "Dedicado ao Regente Único D. A. Feijó",
gravura e litografia de E. F. Taunay, Paris (Coleção Dom Carlos)
Impressão e Acabamento: Melting Color

Todos os direitos desta edição reservados à
Editora Senac São Paulo
Rua 24 de Maio, 208 – 3º andar – Centro – CEP 01041-000
Caixa Postal 1120 – CEP 01032-970 – São Paulo – SP
Tel. (11) 2187-4450 – Fax (11) 2187-4486
E-mail: editora@sp.senac.br
Home page: https://www.editorasenacsp.com.br

© Editora Senac São Paulo, 2022

Sumário

Nota do Editor — 7
Dedicatória — 9
Agradecimentos — 11
Introdução — 13
Nascimento e juventude — 17
Princesa imperial — 25
Projetos matrimoniais — 31
O casamento de dona Francisca — 37
Áquila, o noivo napolitano — 45
O casamento — 55
A grande intriga — 65
A vida na bela Nápoles — 95
Um visitante ilustre — 109
Um futuro incerto — 115
O fim do reino das Duas Sicílias — 125
O exílio — 135
Um visitante amigo — 143
Os últimos dias — 153
Posfácio — 159
Referências — 171

Nota do Editor

Figura deixada à margem da história, como tantas outras mulheres, dona Januária foi uma das irmãs de dom Pedro II.

Após a morte de dona Leopoldina, dom Pedro I se casou com dona Amélia, de quem dona Januária se tornou muito amiga, e os dois partiram para Portugal quando a princesa tinha apenas 9 anos. Dona Januária era a mais velha das filhas.

Diferentemente do que pregam os costumes, foi a última a se casar, e o fez com o conde d'Áquila, dando início a uma intriga com dom Pedro II digna de aparecer nos tabloides da época. Segue-se a esse acontecimento a partida do casal para a Europa, a luta contra Garibaldi pelo Reino das Duas Sicílias e a subsequente decadência financeira dos Áquila.

Resultado de uma pesquisa histórica primorosa, estas páginas revelam uma parte esquecida de uma brasileira que muito amou a pátria, mas que não pôde viver no Brasil por muito tempo.

Nascida no ano em que o pai marcou, com o "grito do Ipiranga", nossa separação da terra portuguesa, *Dona Januária, a princesa da Independência*, lançamento do Senac São Paulo, vem para comemorar o bicentenário dessa data tão importante para os brasileiros.

ESTAS PÁGINAS SÃO DEDICADAS
À MEMÓRIA DA INSIGNE FIGURA DE
SUA MAJESTADE, A IMPERATRIZ DONA LEOPOLDINA,
NO BICENTENÁRIO DE NOSSA INDEPENDÊNCIA.

Agradecimentos

Diretoria do Arquivo Borbônico de Nápoles
Diretoria do Museu Imperial de Petrópolis
Diretoria do Instituto Histórico e Geográfico Brasileiro
Diretoria dos Archives de la Maison de France, Paris
Historiador Jean Menezes do Carmo
Historiadora Maria de Fátima Argon
Dra. Jole Mazzoleni, Nápoles
Dr. Ernesto Bovinkel, Nápoles

Introdução

No bicentenário de nossa Independência, convém lembrar a figura de uma mulher brasileira que ficou esquecida, relegada à margem da história pátria. Trata-se de dona Januária de Bragança, a qual teve a honra de nascer no ano em que o pai, com o "grito do Ipiranga", marcou nossa separação de Portugal. Passamos de colônia, de vice-reinado, de reino unido, para um grande Império.

A pequena infanta, cujo nome lembrava o da "mui leal e heroica" cidade do Rio de Janeiro, passou, pela *vox populi*, a ser chamada "princesa da Independência".

Nasceu sob bons auspícios. Foi infanta de Portugal, a primeira princesa imperial do Brasil e, em seguida, eventual herdeira do mano, o imperador dom Pedro II.

Em 1844, seu destino tomou novo rumo: casou-se com um príncipe europeu, tornando-se cunhada da imperatriz dona Teresa Cristina e concunhada do próprio irmão imperial. O custo imediato desse enlace foi que precisou deixar a amada pátria, a qual nunca teve a sorte de rever. No lugar dos sonhos de uma vida feliz, veremos que, com o tempo, ela passou a ser rodeada de atribulações e imprevistos. Começou com uma fuga diante das ações de Garibaldi, e então a perda do aconchego de um reino cheio de tradições e belezas. Seguiram-se problemas familiares, penúrias e humilhações, mas ela sempre manteve sua impecável dignidade. Sua vida acabou em 1901, superando a de seu marido, a de todas as suas irmãs e a do querido "mano" dom Pedro II, que ela havia mimado quando menino.

Foi uma ilustre brasileira, uma princesa abnegada, uma mãe carinhosa e uma esposa exemplar.

Hoje, repousa distante da pátria que tanto amou, em terra europeia, esquecida por todos, em um modestíssimo e abandonado jazigo nos arredores de Paris.

Vamos seguir sua vida, relembrando com o respeito que merece a princesa imperial do Brasil, a amada "princesa da Independência".

D. C. T. de S. C. B.

Introdução

Desenho feito por dona Januária quando menina
(Coleção do Museu Mariano Procópio, Juiz de Fora).

Desenho feito por dona Januária aos 12 anos, conservado no
arquivo do Instituto Histórico Geográfico Brasileiro.

Nascimento e juventude

Quem foi dona Januária?

Sua figura esteve sempre à margem da história, sendo desconhecida do grande público. De qualquer maneira, sua personagem esteve ofuscada pela do irmão, o grande imperador dom Pedro II.

Dona Januária é, sem dúvida, uma personalidade singular.

O berço lhe proporcionou uma altíssima posição e glórias. A vida lhe reservou o distanciamento da pátria, o exílio, a penúria e desgostos familiares.

Sua bondade e sua primorosa e inata educação a ajudaram a superar uma sequência de grandes golpes, sempre suportados desde a infância. Ela herdou a grandeza de ânimo de sua mãe, a imperatriz dona Leopoldina, sem ter, no entanto, o privilégio da mesma visão política e cultural.

Era tímida, sensível, introvertida. Ela não era bonita e não irradiava vivacidade, seu semblante era sério e meditativo. Sua estatura era mediana, mas seu porte era de rainha.

Nasceu como *infanta de Portugal* e foi chamada de "princesa da Independência". Tornou-se a primeira princesa imperial do Brasil, irmã de um imperador e de uma rainha aparentada com todas as cabeças coroadas católicas na Europa.

Quando nasceu, no Paço de São Cristóvão, na cidade do Rio de Janeiro, em 11 de março de 1822, a Corte estava de luto. Havia falecido, há poucas semanas, o pequeno dom João, precedido do irmão dom Miguel, dois anos antes, em abril de 1820. Daí pode-se imaginar a ânsia de seus pais, já tão testados pela mortalidade infantil que naquele tempo assolava as famílias.

A natividade de dona Januária ocorreu, ainda, em momento de grande rebuliço político. A Independência estava à espreita. A pequena herdeira, mimada por todos, foi solenemente batizada na Capela Imperial uma semana após o nascimento, recebendo o nome que a ligaria à sua cidade natal, seguido por mais onze nominativos tradicionais nas famílias reais de Portugal e do Brasil.

Em seis meses, ela passaria de infanta de Portugal a "princesa da Independência", como a *vox populi* a apelidou. Ela não ficaria sozinha na "creche imperial", pois, em 1823, esta foi agraciada com o nascimento de dona Paula Mariana, seguido, em 1824, pelo de dona Francisca. Por último, em 1825, nasceu a grande esperança da dinastia, dom Pedro II.

Porém, nuvens sombrias começaram a se abater sobre os pequenos infantes. Dona Januária tinha 4 anos e meio quando perdeu a amada mãe. Foi a primeira grande desdita para seu pequeno coração. Por sua vez, emoção e surpresa causou a aparição da madrasta, a bela e ainda jovem dona Amélia, que soube logo, com seu ar maternal, fazer-se amar e estimar.

A amizade da princesa com dona Amélia foi de tal ordem que duraria para o resto de suas vidas. O tempo corria entre as agitações políticas, mas sem grandes impactos sobre os pequenos príncipes, até que o pai, dom Pedro I, inesperadamente deixa o Brasil, levando consigo a "nova mãe" e abandonando – certamente com pesar – os filhos pequenos. A razão dinástica o exigia.

Dona Januária tinha então 9 anos. O vazio deixado pela partida do pai deve ter sido enorme. Ficaram realmente como os "órfãos da nação".

Dom Pedro I não era mais imperador; tornara-se rei de Portugal. Nos momentos livres, ele escrevia saudosas cartas, percebendo-se em suas atitudes quase um remorso por ter deixado para trás as criaturas inocentes. Preparava uma expedição para desalojar o irmão Miguel, que havia sido, nos tratados políticos, o "marido" eventual da irmã Maria da Glória. *Que família complicada!*, deve ter pensado Januária anos mais tarde.

Finalmente, chegou uma notícia alegre em uma carta de Paris, comunicando o nascimento da irmãzinha dona Maria Amélia, amadrinhada pela rainha "Maria Amélia dos franceses". A pequena e linda irmã, entretanto, nunca viria ao Brasil. Ficou conhecida como a "princesa Flor" e morreu jovem, na Ilha da Madeira.

Com as crianças imperiais, a madrasta dona Amélia manteve um contato epistolar frequente. Com dom Pedro II, trocou missivas afetuosas até o fim de seus dias.

Dom Pedro IV, ou Pedro I do Brasil. Gravura de M. A. de Castro, 1826 (Coleção Dom Carlos).

Imperatriz dona Leopoldina. Gravura de M. A. de Castro, 1826 (Coleção Dom Carlos).

Com o afastamento dos pais, era natural que as crianças permanecessem cada vez mais unidas. Sobretudo dona Januária e dona Paula Mariana, que eram ligadíssimas. Tinham os mesmos interesses, tornando-se inseparáveis. A sorte, mais uma vez, aprontou, e, em 16 de janeiro de 1833, a simpática e loira Paula Mariana teve o triste destino de deixar este mundo aos 10 anos, como uma santinha – assim o declararam suas aias, dona Mariana e dona Maria Francisca Faria, que assistiram a seus últimos momentos. Ela estava com perfeito conhecimento e completamente resignada (RAFFARD, 1891).

Mais um profundo desgosto, uma perda imensa para a sensível Januária. Quase um grito de desespero é a carta que dirige ao pai distante: "Amado Pai, apesar das nossas constantes súplicas aos céus, a nossa querida irmã Paula Mariana partiu. Não encontramos consolo. Nossa irmã tão amada não está mais conosco" (DONA

JANUÁRIA, 1833). Essas palavras bem mostram a sua grande aflição. Dom Pedro, ainda ignaro do triste acontecimento, tinha escrito no dia 4 de fevereiro, para o Brasil, à condessa de Itapagipe, seguindo de longe ainda com vivo interesse a vida e a educação dos filhos:

> Rogo-lhe sobretudo que cuide em que meus filhos mostrem bom modo a todos: que suas maneiras sejam delicadas: que quando conversam, suas palavras sejam bem pronunciadas e escolhidas. Igualmente lhe peço que não consinta que diante deles fallem coisas que lhes possam ser nocivas: o que jamais deve ter lugar entre pessoas bem educadas. (RAFFARD, 1891, parte primeira)

Já a par do ocorrido, dom Pedro escreveu uma emocionada mensagem a José Bonifácio, pedindo-lhe que guardasse "um bocado do lindo cabelo" da menina e que depositasse o corpo no convento de Nossa Senhora da Ajuda (LYRA, 1977).

Apesar do grande abalo, os estudos das crianças continuaram com a mesma severidade e com as mais variadas matérias. Taunay registrou os pequenos príncipes cumprindo seus deveres escolares em uma de suas lindas e famosas litografias. Dona Januária sofria em silêncio, agora eram somente três. Uma infância bem triste.

A vida era estudo, cerimônias religiosas e momentos de lazer. Esse lazer consistia, entre outras tarefas, em cozinhar, como em 1843 uma senhora, filha de uma dama do palácio, informou sobre as princesas, dona Januária e dona Francisca:

> Gostavam de cozinhar um pedaço de lombo especial, que diariamente lhes trazia certo sr. Cesário; mas um belo dia o sr. dom Pedro II, estranhando a falta de appetite das augustas irmãs, pôs-se a espreitá-las, até chegar a descobrir que se alimentavam com quitutes preparados por suas próprias mãos e que depois S. M. exigiu que se lhe desse sempre uma parte. (RAFFARD, 1891, p. 408)

Quarto do estudo em São Cristovão. Da esquerda para direita, dona Francisca, dom Pedro II e dona Januária. "Dedicado ao Regente Único D. A. Feijó", gravura e litografia de E. F. Taunay, Paris (Coleção Dom Carlos).

Essas crianças imperiais levavam uma vida de reclusos na Quinta da Boa Vista, "no convento de São Cristóvão", como diria dona Leopoldina à irmã dona Isabel em uma carta trinta anos mais tarde. Dona Januária, agora a filha mais velha, sentia-se duplamente responsável, dando a impressão de cultivar uma afeição toda especial pelo pequeno irmão, como provam as centenas de cartas que lhe escreveu da Europa pelo resto de sua vida.

Poucos eram os contatos com outras crianças da mesma idade, e a severa educação não admitia exceções. Dona Francisca, alegre e ciente de sua beleza, ficava de lado, e mesmo quando adultas as duas princesas não deixavam transparecer uma ligação muito íntima.

O pai se debatia pela causa liberal, e sua saúde infelizmente se exauria. No dia 24 de setembro de 1834, faleceu, em Queluz, o amado genitor, o proclamador de nossa Independência. Faleceu no mesmo quarto em que nascera – coisa muito rara –, na Sala D. Quixote.

Agora eram realmente órfãos. Dona Amélia enviava cartas consoladoras, mas, na realidade, era Januária, com seu ar maternal e sua inata bondade, que confortava os pequenos irmãos e parceiros de desventura.

Configurava-se um quadro desolador e profundamente melancólico.

Os anos se passavam entre a abdicação de dom Pedro I ao trono do Brasil e a conquista da Coroa portuguesa por dona Maria da Glória. Pela turbulência política no país e pela tenra idade do monarca, a regência julgou pertinente, no intuito de fortalecer o sistema monárquico, fazer a princesa dona Januária jurar pela Constituição. Seria ela, em caso de uma fatalidade, a sucessora de seu jovem irmão dom Pedro II.

Princesa imperial

O primeiro passo tomado pela regência foi declarar dona Januária princesa imperial e, portanto, a eventual sucessora de dom Pedro II. O padre Diogo Antônio Feijó, na qualidade de regente, aceitou e recebeu o decreto de nomeação em seu nome.

No dia 14 de agosto de 1836, a pequena princesa, em uma elegante veste com enfeites dourados, sobre a qual sobressaía a faixa azul da Grã-Cruz da Imperial Ordem do Cruzeiro, entrou com passo solene e firme no Paço do Senado. Na presença de todos os representantes da nação, de pé, ela se ajoelhou, colocando sua pequena mão sobre o Evangelho, e pronunciou, com voz firme, mas comovida, o texto do ritual: "Juro manter a religião Católica Apostólica Romana, observar a Constituição política da Nação Brasileira e ser obediente às leis e ao imperador". Anos mais tarde, houve uma crítica pelo fato de ela ter jurado em primeiro lugar manter a religião Católica Apostólica Romana em vez de a Constituição. Há também aqueles que acham que foi absolutamente justo.

Antes desse importante ato, os parlamentares discutiram entre si se a princesa deveria jurar em pé ou ajoelhada. Venceu essa última fração. Não existia ainda uma tradição estabelecida sobre a matéria na nova monarquia.

Uma mocinha de 14 anos tornou-se solene e oficialmente herdeira do irmão, com todas as obrigações inerentes a esse alto cargo. Foi um ato simbólico, a fim de preparar, de qualquer maneira, a sucessão do jovem imperador. Tudo parecia tão confuso que, entre certos grupos de liberais, surgiu a fugaz ideia de formar uma regência presidida pela princesa. Essa inoportuna ideia, todavia, serviria a uma venenosa intriga alguns anos mais tarde.

Desde 1833, o sempre poderoso mordomo-mor Paulo Barbosa da Silva influenciava habilmente a política nacional. Sua morada, perto do córrego da Joana, veio logo a se chamar "Clube da Joana", por ser o ponto de encontro dos intelectuais, dos magnatas e das pessoas influentes na política. Ali eram tomadas decisões, feitas concessões, influenciava-se e se faziam intrigas. A coisa chegou a

Princesa dona Januária na ocasião do seu juramento à Constituição com as insígnias da Imperial Ordem do Cruzeiro. Desenho atribuído a Boulanger (Coleção Dom Carlos).

tal ponto de se dizer que o poder estava nas mãos de dom Paulo I, e não de dom Pedro II.

A mordomia imperial, em contraste com a portuguesa, era modesta. Esta última contava com cerca de 350 pessoas, enquanto no Brasil estava longe de ter 200 indivíduos. Com a volta de dom João VI para a Europa, permaneceram poucos cortesãos no Rio. Grande parte dos cargos existentes em Lisboa não tinha sido preenchida no Rio de Janeiro. É preciso mencionar que a maior parte das funções de relevo era honorífica e, portanto, não pesava sobre as finanças da mordomia nem da nação.

Com a queda da popularidade da regência, declarou-se a maioridade do imperador menino. Na realidade, foi um golpe político dos liberais. Ficou célebre o dito "Quero já" que dom Pedro teria externado. Parece, no entanto, que se referia à data da convocação das câmaras para prestar o juramento, e não a uma ânsia de poder, que fatalmente o afastaria em parte de seus estudos. É certo que ainda não se sentia preparado para a grande tarefa.

Em Portugal e na Espanha, os reis não eram coroados. Os monarcas tinham a coroa como um símbolo. Eram simplesmente aclamados em cerimônia pública, seguida de um solene *Te Deum*. No Rio de Janeiro, em 18 de junho de 1841, foi realizada a coroação de dom Pedro II com a solene *sagração e unção*, conforme o rito de Santa Madre Igreja, pelo primaz do Brasil, o arcebispo da Bahia, dom Romualdo Antônio de Seixas. Já com a coroação de dom Pedro I, o Brasil havia seguido a velha tradição dos imperadores do Sacro Império Romano. O imperador era realmente coroado e ungido com olhos sagrados. O novo e grande Império desejava possuir a própria tradição, enlaçando-se àquela seguida por Carlos Magno e não observando a dos reis da simpática, mas pequena, terra portuguesa.

Numerosas foram as festividades que se seguiram à sagrada cerimônia. A partir de então, notou-se em dom Pedro II uma progressiva assunção do poder. O menino era agora um jovem equilibrado e um grande observador. Aos poucos, adquiria uma experiência que, em sua idade, ainda não poderia possuir.

Não deve ter sido uma tarefa fácil para um mocinho se desfazer, com habilidade, ponto por ponto, sem ferir ninguém, daqueles velhos – pode-se dizer – encanecidos usos políticos, das amizades entre os compadres e as pessoas no poder, em troca de favores, escolhendo em seguida, e com sabedoria, personalidades que poderiam dar uma real contribuição ao país por suas competências e honestidade.

A bem da verdade, deve-se ressaltar que o imperador teve muita sorte, pois contou com figuras notáveis, verdadeiros construtores do Império aos quais devemos muito e que gostaríamos tanto de ver vivos novamente.

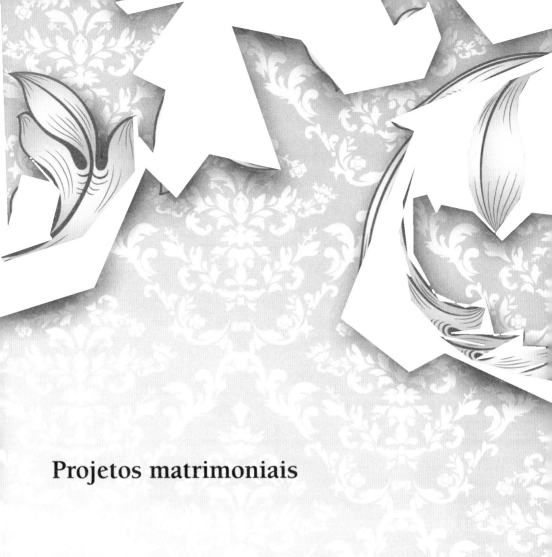

Projetos matrimoniais

Agora, dom Pedro II, mais do que irmão, se sentia um "pai de família", e entre seus muitos encargos existia uma necessidade também dinástica. Ele teria que encontrar uma esposa para a continuação da dinastia, e era preciso casar as irmãs. Pela lógica, e por uma velha tradição, pensou em começar pela irmã mais velha. Dona Maria da Glória já estava em Portugal como dona Maria II. A seguinte era dona Januária, que tinha 17 anos quando o ministro plenipotenciário do Brasil, Bernardo Pereira de Vasconcellos, acreditado na corte do rei dos franceses, foi sondado sobre a possibilidade de uma união de dona Januária com o príncipe de Joinville, Francisco de Orléans. Também o príncipe Augusto de Saxe-Coburgo foi mencionado, casando-se este, posteriormente, com a princesa Clementina, filha do rei Luís Filipe. Meras conjeturas!

Estamos acostumados a ver que os casamentos reais são combinados e realizados por meio de tratados diplomáticos após sondagens e longas tratativas. As irmãs de dom Pedro II acabaram por reduzi-lo a um mínimo. Houve, por exemplo, a quebra da primogenitura, pois, mesmo sendo a mais velha, dona Januária casou por último. Vale esclarecer que não contamos com dona Maria da Glória, pois a consideramos politicamente uma portuguesa.

No século XIX era moda, nas casas reais, realizar ou promover expedições a países pouco explorados no campo da botânica ou da zoologia. O pequeno Reino de Piemonte não queria ficar de fora dessa tendência, então empenhou-se em colher o prestígio que uma empreitada desse tipo poderia lhe dar. Por sua vez, a tradicional e nobre família italiana Casa de Saboia estava ansiosa para configurar entre as mais importantes nações. Assim, no dia 8 de novembro de 1839, a fragata real *Regina* deixou o porto de Gênova em direção à América do Sul. Comandava o navio o capitão Albini, e eram transportados um grupo de botânicos, entre os quais o professor Casarotto, e o zoólogo Caffer, os hóspedes mais importantes da embarcação. Na tripulação, na qualidade de aspirante oficial, estava também o príncipe Eugênio de Saboia-Carignano. Depois de alguns meses, vindo de Buenos Aires, passaram ao largo das

Ilhas Malvinas. Nisso, enfrentaram uma fortíssima tempestade, causando grandes danos à embarcação. Tiveram que procurar o porto mais próximo, a fim de efetuar as reparações necessárias. Chegaram ao Rio de Janeiro.

A capital do Império tinha um ótimo estaleiro, no qual muitas embarcações de renome haviam sido construídas. Da imprevista permanência no Rio, há um relato detalhado por meio das cartas do encarregado de negócios do reino piemontês. A. Alloat relata que os danos do *Regina* eram muito graves, pois a tempestade despedaçara parte dos flancos e vários pontos vitais da imponente embarcação. O governo imperial, no início, não se ocupou do jovem príncipe de Saboia, pois ele era considerado um simples membro da tripulação. Todavia, o jovem real aspirante tinha, além de pendores pela Marinha, um grande interesse pela flora e um acentuado talento artístico. Assim, ele aproveitou, durante a imprevista estada, para realizar muitas excursões, sobretudo pelas redondezas da capital do Império. Na mesma ocasião ele esboçou muitos desenhos de paisagens, hoje encadernados e depositados no arquivo da Biblioteca de Turim (ISENBURG, 1991).

No fim do mês de maio de 1839, evidenciou-se a impossibilidade de levantarem âncoras tão brevemente para continuarem a viagem. Deveriam ficar mais um período no Rio por causa da falta de peças. Permaneceriam, entretanto, um período quatro vezes maior do que o estimado. Logo depois da chegada, Eugênio fez uma visita de cortesia a São Cristóvão, a fim de cumprimentar o imperador. Depois dos cumprimentos formais, o simpático italiano foi considerado um possível candidato para dona Januária. A presença de Eugênio foi julgada um presente do céu. De repente, ele se tornou um convidado assíduo na Quinta da Boa Vista. Nas saídas do navio para seus deslocamentos a São Cristóvão, um piquete da cavalaria ficava aguardando-o, a fim de escoltar sua carruagem. Da mesma forma, em seu regresso, um piquete constituía sua guarda de honra. A chalupa imperial também estava a sua disposição, e no fim tudo era feito para tornar sua estada agradável.

Projetos matrimoniais

Monsieur mon Frère, Cousin et Neveu, Madame la Duchesse de Nemours, ma très-chère belle-fille, est heureusement accouchée, hier, d'un Prince qui a reçu sur les fonts de baptème les noms de Louis-Philippe-Marie-Ferdinand-Gaston d'Orléans, et qui portera le titre de Comte d'Eu. Les liens de parenté qui nous unissent et les sentimens affectueux que Votre Majesté Impériale et Royale m'a témoignés en toute circonstance me sont de surs garants de la part qu'Elle prendra à un évènement aussi satisfaisant pour ma Famille et pour moi. Votre Majesté connait le vif intérêt que je porte à tous ce qui peut toucher Sa personne Impériale et ceux qui Lui sont chers, et l'empressement que je mets à saisir les occasions de Lui renouveler l'expression de la haute estime et de l'inviolable amitié avec lesquelles je suis,

Monsieur mon Frère, Cousin et Neveu,

de Votre Majesté Impériale & Royale,

Le Bon Frère, Cousin et Oncle,

à Paris,
30 Avril 1842.

Louis Philippe

Carta de participação do rei Luís Filipe a dom Pedro II do nascimento de Gastão de Orléans, conde d'Eu, abril de 1842.

Parecia que dona Januária apreciava Eugênio. No dia 11 de março, foi realizado em São Cristóvão um grande baile pelo aniversário de dona Januária. O príncipe italiano foi o convidado de honra. Já havia rumores de um eventual noivado da princesa. A condessa de Belmonte, ao que tudo indica, transmitiu os maiores elogios de dona Januária ao exuberante e espirituoso real visitante. Parece que, em seu entusiasmo, a condessa exclamou: "Desejaria de todo o meu coração que a nossa princesa tivesse um esposo como este príncipe" (ISENBURG, 1991, p. 30). Realmente, afirmava-se que dona Januária o teria aceitado bem, e assim começariam as negociações com a Corte de Piemonte.

Eugênio finalmente deixou o Rio a bordo de sua fragata, renovada, e chegou esperançoso a Gênova. Deve ter feito uma entusiástica exposição sobre sua tão simpática "princesa brasileira", já que pouco tempo depois o rei Carlos Alberto pediu oficialmente a mão da "princesa da Independência". Começaram as negociações. A Corte do Rio tinha uma doce expectativa. Bem cedo, no entanto, por meio do ministro piemontês, esse entusiasmo diminuiu. As condições exigidas pelo rei foram de tal ordem que o Brasil interrompeu todas as tratativas. Assim, acabou rapidamente um sonho para dona Januária, o destino de se casar com um príncipe italiano (ISENBURG, 1991). A tradição da primogenitura foi rompida; o destino quis que dona Januária deixasse seu lugar para a irmã mais nova.

O casamento de dona Francisca

Quebrando a tradição, a irmã mais nova, dona Francisca, casou-se no Rio de Janeiro com Francisco de Orléans, príncipe de Joinville, em maio de 1843. Foi um casamento predestinado de amor. O jovem de Joinville conheceu dona Francisca quando ela tinha 14 anos. O príncipe veio ao Rio de Janeiro em uma viagem de instrução em 1838, a bordo do navio *Hercules*. Demorou algum tempo no Brasil, realizando até mesmo uma viagem ao interior de Minas Gerais. Em Petrópolis, visitou "os meninos imperiais". Achou dona Francisca linda, muito espirituosa e muito viva. Dona Januária apareceu em seu diário como uma pessoa muito séria, meditativa e bastante tímida. Mas deixemos a palavra ao jovem marinheiro, que na época tinha 20 anos. Os comentários em seu diário são às vezes pilhéricos, mas nos dão uma boa imagem do momento:

> 3 de janeiro de 1838 – Na praça do palácio tinha uma guarda formada. O regente Lima veio ao meu encontro. Trocados cumprimentos com o imperador, este me levou no apartamento das princesas. Devo dizer que eu estava tão perplexo desse estranho cerimonial, que nem olhei para as pobres princesas. No quarto tinha um regimento de damas encabeçadas por uma velha resmungante que era a governanta. Fiz uma profunda reverência e gaguejei algumas frases, entregando à princesa Januária uma carta da rainha [sua genitora]. Depois sem proferir uma palavra ficamos sentados. O imperador se colocou entre mim e as irmãs, de maneira que eu não as podia ver. A velha aia se plantou do meu outro lado, informando sobre a afeição das princesas pela princesa Clementina [irmã de Joinville]. Depois o imperador fez algumas perguntas sobre a minha viagem e missão. Eu entendia a metade e respondia também a metade, fazendo-lhe elogios sobre o seu desenho e o seu talento. (JOINVILLE, 1950, p. 177)

É preciso dizer que naquele momento o imperador tinha 13 anos, e o real visitante o achou muito pequeno: "o vi diante de mim baixinho, alto como as minhas pernas, teso, de lábios comprimidos" (JOINVILLE, 1950, p. 177). Mas ele gostou muito de dona Francisca, por sua beleza, por seu temperamento e pela rapidez de seus reflexos. O rei Luís Filipe, homem de grande visão, tinha já, desde muito tempo, os olhos no Brasil, e uma aliança com o Império sul-americano seria uma grande vantagem para a França.

Luís Filipe já havia tentado uma aproximação, tendo escrito a dom Pedro I no dia 12 de janeiro de 1831 pedindo em casamento dona Maria da Glória para o duque de Némours (há cópia da carta no Arquivo Orléans, em Paris). Não sabemos se dom Pedro I respondeu, mas no dia 13 de abril ele já havia abdicado do trono e embarcava para a Europa. Talvez nem tenha recebido a missiva, mas é mais uma prova de como o interesse da França sempre existiu em relação ao Brasil.

As crianças imperiais seguiam seus estudos e as devidas práticas religiosas. No dia 8 de dezembro de 1842, dia de Nossa Senhora da Assunção, dona Januária e os irmãos foram crismados na capela do Palácio de São Cristóvão pelo arcebispo do Rio de Janeiro.

Os anos se passaram. Joinville tinha executado diversas tarefas importantes, como a de trazer o corpo de Napoleão de Santa Helena para Paris a bordo da fragata *Belle Poule*. Todavia, ele nunca esqueceu a pequena e brilhante dona Francisca. Tanto é que pediu ao pai, o rei Luís Filipe, em 1842, que enviasse o embaixador barão de Langsdorff para o Brasil, a fim de pedir oficialmente a mão da linda princesa brasileira. Langsdorff ficou encantado ao ver dona Francisca e, assim, no dia 10 de dezembro de 1842, escreveu à rainha dos franceses, dizendo:

A princesa Francisca é alta e muito elegante: a sua expressão é amável e a vivacidade da sua fisionomia nada fica a dever à sua dignidade. A princesa tem cabelos louros, olhos muito escuros e ligeiramente afastados, e um olhar doce muito agradável. A sua fronte talvez é proeminente em demasia, mas a parte inferior do rosto e da boca possui uma expressão sedutora [...]. (LANGSDORFF, 1999, p. 53)

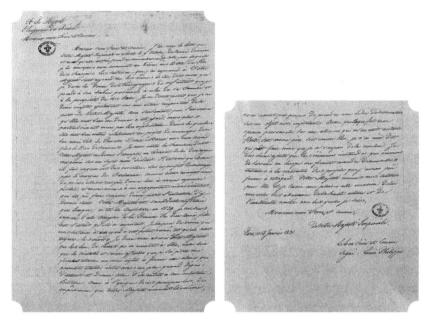

Carta do rei Luís Filipe a dom Pedro I, datada de 12 de janeiro de 1831, propondo-lhe um casamento entre dona Maria da Glória e seu segundo filho, o duque de Némours. Na chegada da carta, dom Pedro I já estava para deixar o Brasil (Arquivo da Casa Orléans, em Paris).

Visto o bom êxito que teve o pedido, em 1843, Joinville veio novamente ao Rio de Janeiro no comando da fragata *Belle Poule* e encontrou os preparativos para as bodas finalizados. Realizou-se logo o casamento. Um evento íntimo, sem grandes festejos, mas com muita dignidade na linda capela do belo Palácio de São Cristóvão, hoje devorado pelas chamas, pela negligência de nossa administração republicana.

Dona Francisca pediu que tudo fosse realizado na maior simplicidade. O contrato matrimonial já estava pronto para a assinatura. Tendo sido um casamento real, de uma simplicidade fora do comum, merece ser ouvida uma testemunha presente naquela cerimônia. Trata-se da baronesa Emille de Langsdorff, esposa do ministro da França acreditado no Brasil.

Como muitas senhoras da época, também a baronesa mantinha um diário muito detalhado e interessante.

Rio de Janeiro, 1º de maio de 1843. [...] o senhor e a senhora de Saint Georges e eu partimos em trajes de gala, em dois carros. Usávamos plumas, vestidos e mantos. Meu marido já estava no paço há muito tempo. Descemos na habitação da sra. de Magalhães, que, ao cabo de pouco tempo, mandou-nos subir ao salão. Todas as damas estavam prontas, todas vestidas à brasileira: o mantô amarelo e verde. A princesa Francisca era a única vestida como mocinha francesa, toda de branco, sem mantô, com o véu branco e flor de laranjeira nos cabelos. Havia de resto bem pouca gente: as damas das princesas, a sra. de Saint Georges e eu. Ficamos uma boa meia hora no salão. As damas choravam de tempo em tempo. A tristeza da sra. Maria Antônia era profunda, mas dominava-se e conversava um pouco. A princesa Januária, ainda convalescente de uma icterícia e fatigada pela excursão de anteontem, estava serena, apesar de um pouco triste. A princesa Francisca agia naturalmente, e parecia muito mais tranquila do que no dia do passeio. Dir-se-ia que o medo de que chovesse naquele dia lhe fosse muito mais importante do que a cerimônia em andamento. Ela se mostrava muito despreocupada e seus pensamentos se pareciam concentrar-se no momento da partida para o Porto da Estrela, fato que ocorrera dois dias atrás. Ao fim de algum tempo, o imperador e o príncipe entraram. O imperador deu um braço à princesa Januária e o outro à princesa Francisca e dirigiram-se para um grande salão, onde se sentaram em torno de uma grande mesa. Junto dela estavam de pé meu marido, que segurava a ata do casamento, e as testemunhas francesas e brasileiras, enfim, o sr. de Saint Georges e o sr. Taunay. Emil leu com voz bem alta e solene: – Hoje, diante de nós, etc. apresentaram-se, etc. (Enfim, a fórmula do casamento).

Depois os noivos assinaram e, em seguida, o imperador e a princesa Januária. Estávamos todos atrás de pé. Após a cerimônia civil, que terminou com estas palavras ditas por meu marido: "Eu vos declaro unidos em matrimônio", passou-se, em seguida, à capelinha onde foi rezada uma missa. A seguir, a bênção nupcial foi dada pelo bispo do Rio. Após a cerimônia, a família foi para o salão da princesa de Joinville e nós nos detivemos na sala anterior, onde ficamos sem nada dizer até a hora do jantar, sem outra distração que não a apresentação dos capitães (do navio) à princesa [...]. Durante o jantar eu estava junto da princesa Januária, cuja serenidade louvei muito. "Não chorei", disse-me ela, "não queria fazê-lo, mas não teria conseguido conter-me se durasse mais tempo". Foi um matrimônio quase às escondidas, realmente tocante e bonito ao mesmo tempo. Sem dúvida, uma união muito feliz. Foi uma lua de mel, misturada com comoventes momentos de despedida, quase dona Francisca sentisse que não iria mais ver a pátria que tanto amava e onde ficariam os despojos da tão adorada mãe Leopoldina. (LANGSDORFF, 1999, p. 55)

Assim, no dia 13 de maio, a fragata *Belle Poule* levantou âncoras. No cais ficaram dom Pedro II e dona Januária abanando, com os lenços cheios das lágrimas da saudade. Os canhões dos navios e das fortalezas saudaram o feliz par e, em pouco tempo, a bonita dona Francisca foi enfeitar a elegante, mas burguesa, corte de Luís Filipe. Ela deixaria uma grande descendência.

Áquila, o noivo napolitano

Enquanto isso, no fim do mesmo mês de maio de 1843, casavam-se por procuração, em Nápoles, dom Pedro II e a princesa dona Teresa Cristina Maria de Bourbon, das Duas Sicílias. O Reino de Nápoles, como foi sempre conhecido, recebeu em 1816, pelo congresso de Viena, a denominação Reino das Duas Sicílias. Depois de todos esses casamentos em família, é possível que se perguntasse: "Dona Januária se tornaria a solteirona da família?". Mas, na vida, há imprevistos.

Dona Teresa Cristina chegaria ao Rio como imperatriz, e todos conhecem os detalhes, as surpresas, as comoções e as desilusões que aconteceriam com dom Pedro II. A imperatriz, em seu séquito, trazia um acompanhante especial, o irmão mais novo, dom Luigi, conde d'Áquila, jovem de 19 anos loquaz e exuberante, como costumam ser os partenopeus. A bordo, realizaram-se os cumprimentos

Dom Pedro II e dona Teresa Cristina por ocasião das bodas. Litografia de Gatti e Dura, Nápoles (Coleção Dom Carlos).

com votos de boas-vindas. Fez-se naquele momento um encontro promissor; no dia seguinte, deu-se o solene desembarque.

As carruagens estavam enfileiradas no cais do porto. O segundo coche estava previsto, pelo protocolo, para o transporte da princesa imperial em companhia do irmão da imperatriz. O trajeto do cais até São Cristóvão era demorado naquele tempo. Durante a viagem, os jovens tiveram tempo de se conhecer pelo menos protocolarmente. Tanto dona Januária como o conde d'Áquila tinham levado uma vida de órfãos, sem o calor familiar e com a rotina da vida reprimida pelo protocolo. Naquele momento, em sua reluzente farda de oficial da Marinha com a larga fita vermelha da Grã-Cruz da Ordem de São Januário no peito, um risonho e simpático dom Luigi estava à frente de dona Januária. Esta estava radiante, começando a sonhar, segura de que aquele finalmente seria seu futuro marido. Durante os festejos do casamento de dom Pedro I, viram-se por alguns dias, e foi grande o pesar da princesa quando o exuberante dom Luigi voltou para a "Bella Napoli".

O conde d'Áquila já tinha sua decisão tomada: casar-se com a distinta e equilibrada Januária. Ela não era bonita, mas exteriorizava compreensão, um ar de bondade que ele ainda não tinha encontrado e, por coincidência, trazia o nome do santo protetor de Nápoles, San Gennaro. O rei Ferdinando II, sentindo o entusiasmo do irmão, pediu sem perda de tempo, oficialmente, a mão da princesa imperial. A imperatriz dona Teresa Cristina era uma garantia da origem do pretendente. *Ainda assim, quais eram suas raízes e seu passado?*

Ao nascer, Luigi foi registrado pelo prefeito de Nápoles dom Giuseppe Pignatelli, marquês de Casalnuovo, que também acumulava a função de oficial extraordinário do Estado Civil do Reino. O nascimento ocorreu às três e meia da manhã do dia 18 de julho de 1824. Era o décimo primeiro filho do rei Francisco I e de sua segunda esposa, a infanta Isabel da Espanha. No dia 19 de setembro daquele ano, recebeu, por decreto real, o título de conde d'Áquila e um morgado, que deveria dar-lhe uma renda de 60 mil ducados por ano.

Áquila, o noivo napolitano

O rei Francisco I faleceu quando Luigi tinha 6 anos, e a mãe se casou, posteriormente, com um alto oficial da Guarda Real, passando a ocupar-se pouco dos filhos. Os numerosos herdeiros foram educados por preceptores, nem sempre à altura de suas importantes funções. Em particular, dom Luigi, sendo o mais jovem, teve a sorte de ter sido muito seguido pelo irmão mais velho, o rei Ferdinando II. Este era um monarca notável, que não somente fez uma ótima administração do reino, mas se ocupou pessoalmente da instrução e da educação dos irmãos.

Ao nascer, como já mencionado, dom Luigi recebeu o título de conde d'Áquila. Áquila é uma pequena e florescente cidade nos Abruzos, de origem pré-romana, com inúmeros e lindos palácios e igrejas. O título era, no entanto, somente honorífico e não o envolvia em qualquer função nem lhe concedia vantagens econômicas. Depois do estudo primário, de religião e de línguas estrangeiras, foi decidido, sem que o próprio fosse ouvido, que o jovem dom Luigi seria destinado à Marinha. Deve-se sublinhar que, naquele tempo, a Marinha de Nápoles era a terceira da Europa, ficando atrás somente das Marinhas da Inglaterra e da França. Aos 15 anos, vestiram-lhe a farda, e o rapaz começou sua carreira no mar. Tinha a seu lado, como instrutor, o capitão Gabriele de Tommaso e o capelão Gaetano Ferri.

A família Bourbon era de uma absoluta dedicação à Igreja e estava em constante contato com o Vaticano – em particular, com o papa Pio IX. Para demostrar essa grande devoção, no enxoval do jovem oficial figuravam, além do crucifixo, o rosário, textos sagrados e um porta-água benta.

Podemos dizer que seus pertences eram mais de um seminarista do que de um marinheiro. Conde d'Áquila serviu a bordo de várias fragatas, como a *Zeffiro*, a *Valoroso* e a *Amélia*, realizando viagens de instrução e visitas a quase todos os portos do Mediterrâneo. As muitas cartas de Ferdinando II dirigidas ao irmão pediam informações sobre as atividades navais e recomendavam, sobretudo, a observação dos preceitos da Santa Madre

Conde d'Áquila moço. Desenho de Maresi, 1842 (Coleção Dom Carlos).

Igreja, sendo muito elucidativas. Além do capitão De Tommaso, os comandantes dos vários navios deviam manter o rei informado sobre os progressos do cadete real. Ele estava permanentemente debaixo dos olhares atentos do rei Ferdinando II, que o seguia com uma afeição paterna.

Uma das paixões de dom Luigi, desde menino, era a pintura, tendo ele recebido, já na primeira infância, aulas do famoso pintor napolitano Gabriele Smargiassi. Esse renomado artista foi professor da Academia de Belas Artes de Nápoles e considerado mestre da Escola de Posillipo. Smargiassi foi também professor de pintura dos filhos do rei Luís Filipe da França e, portanto, do príncipe de Joinville, o qual foi um de seus mais proveitosos alunos. O famoso pintor retratou, além de muitas personalidades, todas as propriedades dos Bourbon, a começar pelo Palácio Real de Caserta, com seu maravilhoso parque. A especialidade de Smargiassi, porém, era pintar marinhas, tema no qual dom Luigi se aperfeiçoou. Esse seu talento e a sorte desse valioso aprendizado seriam de suma importância em sua vida futura. Com o passar dos anos, dom Luigi conquistaria prêmios no Salão de Paris, além de menção honrosa na famosa enciclopédia Benezit. O Museu Imperial de Petrópolis conserva um dos quadros de dom Luigi, possível presente do

Palácio Real de Caserta, perto de Nápoles. Fotógrafo desconhecido
(Coleção Dom Carlos).

Dona Januária em 1843. Desenho e litografia de S. A. Boulanger (Coleção de Jean M. do Carmo, Juiz de Fora, Brasil).

conde a algum membro da família ou a uma personalidade do governo brasileiro da época.

Ferdinando II, que tanto protegia seus irmãos, conseguiu não somente elevar a Marinha das Duas Sicílias ao mais alto nível, seja mercantil, seja militar. Esse notável rei impulsionou seu progresso, imprimindo uma estrutura moderna ao reino. Foi ele quem instalou o primeiro trem da Itália, de Nápoles à Portici. Em 1839, instalou a primeira iluminação a gás nas ruas da Itália, em Nápoles, a terceira cidade da Europa a contar com o recurso, depois de Paris e Londres. Criou o primeiro selo postal, instituiu poços artesianos, iniciou as escavações arqueológicas em Pompeia e Herculano, saneou a moeda e conseguiu pôr um freio no chamado *brigantaggio*.

Ferdinando II pode ser considerado um dos mais completos governantes da Europa de seu tempo. Todos o respeitavam, e, como veremos, Luigi tinha verdadeira veneração e admiração por ele, além de um profundo respeito. Os únicos que viam sua administração com inveja eram os reis de Piemonte, os Saboia, os quais, no futuro, mostrariam a própria cobiça ao se apropriarem do então rico e florescente Reino das Duas Sicilias por meio dos mercenários de Garibaldi. Eles incorporariam ao reino piemontês a poderosa frota, saqueariam o Banco de Nápoles, levariam as indústrias para o norte e reduziriam essa parte da Itália a uma verdadeira colônia. Nota-se até hoje um desequilíbrio econômico entre o sul e o norte da Itália.

O casamento

O casamento

A mão de dona Januária foi concedida com grande satisfação pelo imperador ao jovem príncipe marinheiro. A alegria e as esperanças devem ter sido muitas de ambas as partes. Dona Januária devia estar feliz, sem imaginar que esse casamento a separaria para sempre de sua querida pátria e lhe criaria muitas preocupações e angústias.

Na capital partenopeia, em 26 de janeiro de 1844, o enviado especial de dom Pedro II, Eustáquio Adolfo Mello Mattos, assinou, com o chanceler das Duas Sicílias, o príncipe de Scilla e o duque de Santa Cristina, o pacto nupcial de dona Januária e dom Luigi, em nome do imperador do Brasil e do rei das Duas Sicílias. Esse tratado, com seus treze artigos, era, sem dúvida, muito favorável ao jovem noivo. Deve-se ressaltar que o documento foi escrito com o receio de que a dinastia brasileira pudesse extinguir-se, pois dom Pedro II ainda não tinha filhos, e assim, a partir do casamento de dona Januária, possivelmente a dinastia de Bourbon das Duas Sicílias lhe sucederia.

Pelo pacto, o conde d'Áquila era considerado príncipe da Casa e Família Imperial do Brasil. Assumiria o título da esposa, passando a ser príncipe imperial do Brasil, com o tratamento de Alteza Imperial. Seguem-se a isso amplas dotações econômicas, para ele e para os filhos, que seriam também príncipes do Império. Segundo o artigo 11, no entanto, os esposos deveriam fixar residência habitual no Império, até que o imperador tivesse uma descendência e que esta assegurasse plenamente sua sucessão. Assim, o casal principesco só poderia ausentar-se do Brasil com a autorização do imperador, mesmo que temporariamente. Esse artigo, no futuro, seria objeto de grande discórdia.

O contrato estava feito, e, então, nas *Fallas do Throno*, em 3 de maio de 1844, dom Pedro II anunciou à nação o casamento de dona Januária com Sua Alteza Imperial, o príncipe das Duas Sicílias, conde d'Áquila: "[...] aliança feliz que mais um penhor confere à perpetuidade da minha imperial dinastia" (BRASIL, 1889, p. 383).

O contrato matrimonial é claro e límpido em sua formulação. O feliz noivo chegou ao Rio de Janeiro a bordo da fragata napolitana *Amália* em 17 de abril de 1844, depois de cinquenta dias de viagem. O Rio de Janeiro estava alvoroçado com a chegada do prometido da muito querida e muito popular princesa imperial, conhecida e estimada por sua bondade, sua gentileza e sua modéstia.

O sempre bem-informado *Jornal do Commercio* (1844b) publicou a seguinte notícia no dia seguinte à chegada do noivo:

> Ontem pelas 9 horas e meia da manhã, S.A.R., o sr. conde d'Áquila, desembarcou no Arsenal da Marinha, acompanhado pelo representante de sua nação, pelo seu ajudante de campo, pelo veador Balens e pelo conselheiro mordomo da Casa Imperial. S.A.R. dirigiu-se ao Paço da Cidade, onde vai residir. Ao meio dia S.A.R. recebeu os senhores ministros de Estado. A uma hora, S.M., o imperador, visitou seu augusto hóspede, e, dez minutos depois, retirou-se para São Cristóvão, levando-o consigo para ali passar, em família, o resto do dia. Reina prazer e esperança no rosto de todos os brasileiros, que fazem ardentes votos pela ventura de sua ínclita e virtuosa princesa imperial, a senhora d. Januária.

Dom Pedro II designou o dia 28 de abril, um domingo, como o dia do casamento. O consórcio da princesa imperial teve uma solenidade e uma pompa bem maiores do que as núpcias da princesa dona Francisca com o príncipe de Joinville. Tratando-se, no entanto, de um momento histórico, apesar dos inúmeros particulares, segue uma descrição do evento o mais completa possível, relacionada pelos vários órgãos da imprensa:

> Chegou o dia 28, o grande dia das bodas de dona Januária, a querida irmã de dom Pedro II.

> Às 9 horas o conde d'Áquila seguiu do Paço da Cidade, onde ele estava hospedado, para São Cristóvão. Às 10,30 começou o

O casamento

O Sr. Conde d'Aquila.

286

O ser esposo da Princeza Imperial a Sr.ª D. Januaria não é o unico titulo pelo qual S. Altesa o Sr. Conde d'Aquila tem adquirido o amor dos brasileiros; a amabilidade com que recebe todas as pessoas que o procurão, a promptidão com que corresponde aos cortejos que recebe pelas ruas por onde passa, sempre risonho e afavel, tem conquistado as simpathias do povo fluminense. Sua Augusta esposa continúa á ser adorada. Diariamente SS. AA. sahem á passeio sem o menor apparato; e na manhã do dia 11 do corrente forão acompanhar S. M. o Imperador até as Paineiras, onde passarão huã grande parte do dia. Deus permitta que os dous esposos contem muitos dias de tanta felecidade, como estes que teem passado.

RIO DE JANEIRO, TYPOGRAPHIA DO DIARIO, DE L. N. VIANNA. — 1844.

Recorte de jornal do Rio de Janeiro, de 12 de maio de 1844
(Arquivo da Casa Real de Nápoles, nº 286).

trasloco para o Paço da Cidade. Por primeiros seguiram 7 carruagens, levando os vários dignitários, seguia como oitava carruagem a imperatriz com a princesa dona Januária. A princesa vestia um lindo hábito de rendas brancas, com uma longa cauda da mesma cor. Ela ostentava as Ordens do Império, a Ordem de Isabel, a Católica da Espanha, e com muito realce a veneranda e importante Ordem da Cruz Estrelada da Casa Imperial da Áustria, certamente em homenagem à memória materna, a querida imperatriz dona Leopoldina. Por última vinha a carruagem chamada "Monte de Prata", levando Sua Majestade, o imperador, com S.A.R., o conde d'Áquila, o qual vestia a sua farda de oficial da Marinha das Duas Sicílias, ostentando a Grã-Cruz da Imperial Ordem do Cruzeiro. Fechava o préstito o Regimento de Cavalaria de Linha, comandado pelo coronel Gusmão. Chegando ao Paço da Cidade foram saudados com descargas de artilharia pela Guarda Nacional. Uma vez no Paço foi organizado o préstito que se devia dirigir para a Capela Imperial, onde foram aspergidos com a água benta pelo bispo diocesano, chamado naquele tempo capelão-mor. Na Capela Imperial, hoje a antiga catedral, estavam aguardando os membros do Corpo Diplomático e as personalidades convidadas. Suas Majestades tomaram assento nos tronos e o bispo, no sólio. Uma vez que todos estavam acomodados, o Ministro da Justiça, por ordem do imperador, mandou abrir o ingresso principal a fim de que toda a população "decentemente vestida" pudesse entrar e participar com a Família Imperial daquele dia venturoso. Logo o mestre-sala se inclinou diante do imperador e deu início à cerimônia. Em seguida fez uma reverência aos noivos e estes se portaram diante dos tronos e fizeram uma profunda reverência aos imperiais pais. Presentes estavam também as testemunhas e os porta-anéis.

Os noivos se aproximaram ao bispo capelão-mor, que lhes dirigiu as perguntas canônicas. Tanto o conde d'Áquila como dona Januária não responderam sem obter, por reverência feita a Suas

O casamento

Dona Januária em Mantilha. Litografia anônima (Coleção Dom Carlos).

O Sr. Conde d'Aquila.

285

Acompanhado por Sua Augusta Esposa, tem S. A. visitado quasi todos os arrebaldes desta cidade, e nelles, por sua mão bemfaseja, espalhado esmolas pela pobresa; até os escravos da nação, que trabalhão no jardim Botanico, partilharão da generosidade e philantropia do virtuoso Principe: muitas familias necessitadas tem sido de prompto favorecidas por SS. AA. E' por esta fórma que se adquire o amor e respeito d'um povo; é por este motivo que o Sr. Conde d'Aquila serve de assumpto á conversação em todos os circulos, e cada individuo narra uma acção digna de louvor e admiração. S. A. parece inclinado á distribuir pela pobresa as sommas que poderia empregar no fausto; quer antes que o admirem por seus actos de caridade do que pelo luzimento do seu tratamento; passeia como um simples particular, sem o menor apparato; o seu serviço domestico é feito por sete criados; o seu coxeiro é um homem de côr, nascido no paiz, os seus pagens são dous ou tres criolos. Uma noite na semana, as segundas feiras, recebe familiarmente todas as pessoas que o visitão; evita quanto póde que lhe beijem a mão, e fica constrangido quando algum impertinente insta por fasel-o. A amabilidade com que a Augusta Princeza igualmente recebe as Sras. que nessas noites tem ido cumprimental-a é geralmente admirada; não se falla em outra cousa, é o objecto de todas as conversações.

O Sr. Conde d'Aquila encarregou o major do largo de S. Francisco da compra de animaes, e do arranjo da casa para tel-os, tudo se acha quasi prompto, segundo nos affirmão; o que em verdade não deve surprehender á quem conhece a actividade e bom gosto deste individuo.

Recorte de jornal do Rio de Janeiro, de 22 de maio de 1844
(Arquivo da Casa Real de Nápoles, nº 285).

Majestades, o consentimento. Somente então anuiram e responderam as palavras canônicas, dom Luigi em francês e dona Januária em português. Terminadas todas as formalidades foi entoado o *Te Deum*, depois do qual se ouviram novas salvas de artilharia, e todos os sinos das igrejas do Rio começaram a tocar. Num dos salões do Paço da Cidade os esposos receberam os cumprimentos dos membros de governo, do corpo diplomático e dos convidados. Depois da recepção Suas Majestades e o feliz casal principesco assistiram à continência das Guardas de Honra e em continuação ao desfile das tropas. Às 17 horas, realizou-se um banquete para sessenta e quatro pessoas, que encerrou a parte mais importante dos festejos nupciais. Às 18,30 os imperadores voltaram para São Cristóvão e ao anoitecer toda a cidade se iluminou. (JORNAL DO COMMERCIO, 1844b)

Devemos lembrar também que, naquela ocasião, o imperador nomeou o feliz esposo almirante honorário da Armada, sendo eleito presidente honorário do Instituto Histórico e Geográfico Brasileiro. No dia 3 de maio, os imperadores e o jovem casal assistiram à abertura do Parlamento. Como parte ainda das comemorações do feliz enlace, o imperador e a imperatriz ofereceram, no dia 13 de maio, um solene sarau em São Cristóvão.

Voltemos a nosso marinheiro napolitano, já casado e feliz no Rio. As bodas foram realmente imperiais, com bailes e apresentações teatrais. Devia-se notar, talvez, uma modesta conduta diplomática por parte do esposo. Conde d'Áquila não deve ter dado a devida atenção ao teor do conspícuo pacto matrimonial, pois, depois das bodas, almejava deixar o Brasil.

A grande intriga

O artigo 11 da convenção matrimonial o prendia ao Brasil, e a reação do novo príncipe imperial, ao saber da restrição, foi absolutamente incompreensível. Dom Pedro II não podia ceder até que pelo menos o primeiro filho do casal imperial do Brasil tivesse visto a luz do dia. Conde d'Áquila, com seus 19 anos, não parecia à primeira vista disposto a trocar sua residência europeia pelo então monótono, mas simpático e patriarcal ambiente do Rio de Janeiro. Pouco a pouco, no entanto, apareceu um motivo que chegou a estragar a paz familiar.

O jovem dom Luigi não percebia que pisava em um terreno para ele completamente desconhecido.

Ignorava a maneira de agir da Corte do Brasil e com certeza desconhecia a influência do mordomo-mor Paulo Barbosa da Silva sobre o imperador. Os dias se passavam, e o jovem oficial parecia esquecer que tinha sido feito almirante honorário da Armada e presidente honorário do venerável Instituto Histórico e Geográfico Brasileiro, que tinha recebido a Grã-Cruz da Imperial Ordem do Cruzeiro. Enfim, estava sendo agraciado com todas as honrarias possíveis na nova pátria. Escrevia para Nápoles, descrevendo como a população do Rio o tinha recebido, aclamando-o com entusiasmo, e que a imprensa lhe fazia grandes elogios. Passava temporadas em Santa Cruz, saía a cavalo em companhia do imperador e de dona Januária, chegando a subir com o animal até o Corcovado.

O conde d'Áquila também mantinha contato com seus camaradas da Marinha. No dia 24 de junho de 1844, ele escreveu ao capitão de fragata Antonio Palumbo:

> [...] há dois dias voltamos de Santa Cruz, localizada a três milhas de distância do Rio de Janeiro. Você deve perguntar se aproveitei a caça e que tipo de caça eu tenho praticado. Foi difícil para mim aproveitá-la, pois você já sabe que a caça não é certamente a minha paixão, ainda mais porque as presas foram jacarés, espécies de crocodilos ferozes quase quanto aqueles do Nilo, além de uma

enorme variedade de cobras, entre as quais realizei uma pequena coleção de algumas, cuja mordida, embora pequena, mata em instantes em meio a dores atrozes. Em Santa Cruz permaneci quinze dias e apreciei mais as cavalgadas, que você sabe serem a minha predileção, sempre junto à minha querida Januária. (CONDE D'ÁQUILA, 1844)

No dia 14 de julho, voltou a escrever a seu amigo Palumbo:

Eu e Januária estamos bem. No Rio de Janeiro já consegui ver tudo aquilo que era ao alcance da vista, sendo os lugares especiais observáveis através de lindos mirantes e pontos panorâmicos: aqui se pode ter uma visão ampla e aérea das coisas e sobretudo a colossal e mágica natureza. (GUARIGLIA, 2007, p. 17)

Tudo parecia um mar de rosas. Paulo Barbosa deve ter tido contato, desde o começo, com o "novo príncipe imperial", que era impulsivo, mas também um grande observador. O que o jovem conde napolitano ignorava era que, diante dele, estava um personagem importante e muito poderoso. A influência do mordomo-mor era tamanha que o povo dizia: "Em vez de um Pedro II, vamos ter em breve um Paulo I". Barbosa residia em uma chácara ao lado do córrego Joana, onde se reuniam os poderosos, os ricos e os políticos, e o local era chamado por todos de "Clube da Joana".

Ninguém melhor que Américo Jacobina Lacombe (1994, p. 118) para elucidar como era o "clube":

O Clube da Joana não foi somente político. Foi também um salão, onde se conversava [sobre] literatura e música. Mereceu um capítulo brilhante na obra insuperada de Wanderley Pinho, o qual assim se expressou: "Nas reuniões que outrora se fizeram na casa do nosso consócio, o atual mordomo da Casa Imperial, planejou-se a criação de muitos estabelecimentos que fazem hoje a felicidade social e comodidade das famílias e o lustre desta capital [...] mas o caráter político do chamado clube era marcado evidentemente pela ação de Aureliano Coutinho, o mais íntimo amigo de Paulo Barbosa".

Portanto, ao lado do córrego da Joana, distribuíam-se favores e forjavam-se alianças políticas. Era o centro do poder, por trás do ainda jovem e inexperiente, mas bem intencionado, imperador. Na Europa, conde d'Áquila certamente era acostumado a receber um tratamento condizente com sua posição. Deve ter havido um choque entre Paulo Barbosa da Silva, sabido e experimentado, e o jovem membro da casa das Duas Sicílias, além de uma incompreensão de parte a parte. Daquele momento em diante, o mordomo-mor procurou afastar o "novato" das graças do imperador. Barbosa certamente temia que a união entre os dois cunhados reais pusesse em perigo seu domínio. Conde d'Áquila talvez estivesse vendo coisas que dom Pedro ou não via, ou deixava nas mãos de seu velho mordomo-mor. Este certamente atribuía a si mesmo uma espécie de procuração geral, a qual ele deveria usar com muita liberdade.

Paulo Barbosa esperava que o inexperiente príncipe se sujeitasse a seu poder, e isso ele não conseguiu. Depois de tantos anos, como o imperador confiasse ainda em sua pessoa, presumivelmente Barbosa lançou, como forma de se autodefender, uma venenosa intriga: *o conde d'Áquila desejava afastar dom Pedro II do poder, criando uma regência presidida por dona Januária; com o tempo, quem sabe o Brasil não teria um dom Luís I no trono, em vez de um dom Pedro II?* Esse boato maligno e muito bem orquestrado surtiu um grande efeito em dom Pedro II, que se voltou abertamente contra o cunhado.

Barbosa tinha conseguido seu intento, espalhando ampla e sutilmente a malícia em todos os meios. O conde d'Áquila sentia que o ambiente que o rodeava se tornava cada vez mais hostil, e todos os seus atos e iniciativas eram mal interpretados e desprestigiados, em um ambiente realmente desagradável. O ministro da França no Rio, Saint-Georges, conta que Ernesto Ferreira França, nosso ministro do exterior, encontrando o conde na rua, não o cumprimentou. A mesma descortesia lhe fez várias vezes, ao que parece, Paulo Barbosa (LYRA, 1977). O conde Ney, ministro da França no Brasil à época, convidado a jantar no Paço, notou que nenhum dos ministros e convidados se aproximaram do conde d'Áquila, o qual, depois de conversar com ele e com o ministro Saint-Georges, ficou isolado, e assim foi sentar-se junto da imperatriz e da princesa dona Januária (FRANÇA, 1975).

Muitas foram então as vozes, das mais variadas, que se levantaram a respeito desses acontecimentos, que, infelizmente, se tornaram de domínio público. Heitor Lyra (1977, p. 129, v. 1), em sua conceituada obra sobre dom Pedro II, ressalta que:

> os documentos que se conhecem não autorizam a formar sobre eles uma opinião segura. Que tenha havido, em todo o caso, um forte trabalho de intriga, visando incompatibilizar o imperador com seu cunhado, é ponto pacífico. Inimigos ou desafetos de um e de outro tiveram em tudo isso uma grande participação.

Aquela dose de "veneno" é a única justificativa para dom Pedro II ter tido tal reação. Os cunhados não se falavam mais, dona Januária e a imperatriz choravam, procurando conformar-se com o desentendimento. Dom Pedro II não concedia ao casal a licença para partir, e conde d'Áquila já planejava como fugir ou fazer com que dona Januária renunciasse ao título de "princesa imperial" junto à Câmara para assim ver-se livre e poder viajar. O conde sentia sua situação insustentável, pois Barbosa naturalmente agia também junto com os membros da Corte e do governo. Os absurdos projetos também eram confirmados pelo ministro Merolla, em um de seus relatórios ao chanceler das Duas Sicílias. Por sua vez, dona Teresa Cristina não gostava de Paulo Barbosa, o qual se permitia amiúde certas inacreditáveis liberdades, conforme relatava em seus relatórios o conde Ney, ministro da França.

> A Imperatriz não gosta do sr. Barbosa, e o sentimento de repugnância que sente é tal que, há poucos dias, estando uma noite a sós com o irmão e a princesa Januária, no seu salão em São Cristovão, sentiu-se gelar ao entrar ali, de repente, o sr. Barbosa. No mesmo instante, todas as fisionomias se fecharam, e, quando o mordomo deixou o salão, a imperatriz disse que a sua aparição era por certo sinal de uma desgraça. (CONDE NEY, 1844)

Parece que, nessa ocasião, o mordomo-mor procurava o imperador a fim de solicitar sua assinatura para a demissão de d. Joaquina Adelaide de Verna Bilstein, sobrinha da condessa de Belmonte, que educara a princesa dona Januária desde a infância. Seria mais um golpe para ferir os Áquila. No entanto, o capelão Ferri foi de grande valia naqueles conturbados momentos, ao invocar orações e acalmar os ânimos da imperatriz e de dona Januária.

Conde d'Áquila, sempre agitado, escreveu para Ferdinando II:

> Rio de Janeiro, 23 de junho de 1844.
> [...] O imperador encontra-se ainda em Santa Cruz, onde se diverte muitíssimo, mas sempre sem a coitada da Teresa, a qual fica confinada em suas acomodações no palácio [de São Cristovão] [...] Januária está bem, graças à Santíssima Virgem e ao Bom Jesus [...] O Capelão se põe aos Vossos pés. (CONDE D'ÁQUILA, 1844)

Em 1º de julho, mencionou: "O imperador é mais humano do que de costume, talvez por causa da quase segura gravidez de Teresa" (CONDE D'ÁQUILA, 1844).

No dia 2 de agosto, abriu-se ainda mais com o rei, pois o imperador, com toda razão, ainda não lhe concedia a licença de deixar o país, sempre em cumprimento ao mencionado art. 11 do pacto nupcial:

Caríssimo Ferdinando,
Estamos sempre na mesma: o imperador é ainda aquele que sempre foi, malcriado, covarde, e não deixa de seguir os falsos conselhos de Paulo Barbosa, que por sua vez não deixa de enganá-lo e sugá-lo para chegar a seu intento, isto é, jogá-lo cada vez mais na teia das intrigas. Vos envio uma carta autografada de Teresa à Januária, para que percebas bem a potência de Paulo Barbosa. (CONDE D'ÁQUILA, 1844)

Em 5 de agosto de 1844:

O imperador é sempre igual. Nada de novo para o momento, sempre a mesma apatia e malcriação [...]. Eu vos garanto que não vejo o momento para fugir daqui, talvez antes do parto de Teresa. (CONDE D'ÁQUILA, 1844)

No dia 24 de agosto:

[...] Nas outras cartas esqueci-me de vos dizer que, provisoriamente, nomeei o capelão e meu superintendente, Lutério, com a finalidade de que eles, e não eu, tenham que contatar aqueles farsantes, e para evitar as suas indicações [...] sobretudo, por não ter o que fazer com Paulo Barbosa e outros da sua mesma ralé. (CONDE D'ÁQUILA, 1844)

Conde d'Áquila muitas vezes escrevia cartas cifradas. Por sorte, conseguiu-se decifrar algumas delas. Depois de dom Luigi e dona Januária ficarem hospedados no Paço da Cidade, o esposo alugou um palacete em Botafogo para fugir do ar "putrefeito", em sua opinião, do centro da cidade e, sobretudo, para não ficar sob o controle do mordomo. Uma das queixas foi a de que Paulo Barbosa expediu somente um dia antes da realização do Gala do Paço os convites para a comemoração do aniversário de casamento do imperador, em 4 de setembro de 1844. Desse modo, os Áquila não receberam os convites a tempo e não puderam comparecer ao evento.

O imperador pensou que se tratava de uma afronta voluntária. A situação já tinha chegado a tal ponto que, vindo dom Pedro II visitar a irmã, não cumprimentou o cunhado nem sequer lhe dirigiu a palavra, saindo sem olhar para ele. Em Nápoles, além das cartas desesperadas do irmão, o rei recebia também os relatórios do ministro Merolla. Ferdinando II devia estar preocupado com a situação no Rio de Janeiro e tentava acalmar o ânimo muito alterado do jovem, conforme mostra um trecho da missiva de 21 de agosto de 1844: "tenho esperança [de] que tu conserves a mesma moderação que conservaste até agora, de maneira a poder merecer a afeição de todos" (FERDINANDO II, 1844).

Em 29 de novembro do mesmo ano, o rei voltou a escrever, dando mais ênfase em suas palavras e enviando ao irmão diversos conselhos:

> [...] Com o maior pesar partilho as angústias do teu espírito e reconheço todos os seus motivos. Continua, porém, a ter paciência: aconselha-te com o Senhor e a Nossa Senhora [...] Relativamente sobre aquilo que tu me falas na tua resposta sobre a renúncia de Januária, te aconselho aflitivamente, e o peço como irmão que te ama muitíssimo, a não dar nenhum passo ilegal, e nunca a renúncia [...]. Um passo precipitado traria um dano enorme a ti e aos teus filhos. Assim que tiver notícia do parto de Teresa vou enviar imediatamente para o Brasil um navio a vela. Não o envio antes, pois seria uma ação inconveniente para mim, e especialmente para ti, pelos embaraços que tiveste [...]. Te aconselho sempre a calma, a prudência e a te aconselhares sempre com o Senhor e a Maria Santíssima. (FERDINANDO II, 1844)

Foram palavras quase de um padre confessor e de um irmão deveras preocupado. Essas e muitas outras cartas de dom Luigi estão conservadas no Arquivo Borbônico de Nápoles.

O casal Áquila passava o tempo em pequenas excursões ou visitas, não se sabe ao certo, mas sem dúvida não na companhia do imperador. A pressão familiar devia ser forte. Assim, dom Pedro II, para livrar-se do cunhado, assinou no dia 18 de outubro de 1844 a licença para que ele deixasse o país por um ano, com a obrigação de que voltasse – se possível, antes. Essa permissão foi comunicada informal e antecipadamente à Câmara, que, em caráter oficial, só tomou conhecimento em 1º de janeiro de 1845, por meio das *Fallas do Throno*, quando o imperador alegou a saúde de dona Januária como justificativa da viagem. Da mesma maneira, a anuência foi antecipada diante do nascimento do herdeiro, dom Afonso Pedro, em 23 de fevereiro de 1845.

Dom Pedro deve ter ficado triste com a partida da irmã, mas profundamente aliviado com o afastamento do cunhado. Poderia ter tido um convívio amigável com dom Luigi, se a intriga não tivesse surtido um efeito tão devastador. Esse desentendimento foi realmente lamentável, deixando um sabor amargo persistente nas relações familiares. Dom Pedro II propôs ceder um navio, possivelmente o *Constituição*, para levar o casal à Europa. Conde d'Áquila, confiante e aliviado por ter conseguido arrancar essa licença do imperador, recusou, dizendo que tomaria o navio francês *Reine Blanche*, que estava prestes a chegar. Essa resolução tão rápida deixou os imperadores, sobretudo dona Teresa Cristina, muito angustiados. Para a imperatriz, seria mais uma separação da família, e assim resolveu escrever ao irmão:

> Caro mano,
> Se a moléstia da mana não é grave e pode curar-se com os remédios ordinários, por que me queres privar de tão doce companhia? A mana, caro Luís, não é só tua, pertence também aos brasileiros, que a estimam como sua própria filha, amor este de que eles têm dado sobejas provas; mas se, apesar de tudo, queres por força, o que muito sinto, ir passear pela Europa, consente ao menos, a fim de evitar tristes interpretações indecorosas à tua

alta posição e a de meu amado esposo, que te leve uma fragata nacional, e se ainda assim recusas minha amizade, que consinta que os acompanhe uma corveta brasileira com o criado e a criada de honra que tu quiseres escolher.

Tua mana do coração. (TERESA CRISTINA, 1844)

Depois desse apelo, conde d'Áquila aceitou o acompanhamento da corveta *Sete de Abril*. As despedidas foram protocolares e secas, e, ao que parece, dona Januária chorou muito. Foi um adeus para sempre do Brasil. O imperador se ressentiu muito com essa precipitação, uma partida que era quase uma fuga a bordo de um navio de guerra estrangeiro, ferindo dom Pedro II mais dolorosamente do que qualquer outro incidente em todo esse drama familiar (LYRA, 1977).

A intransigência do cunhado em não aceitar, da parte do monarca, qualquer favor ou concessão magoou o imperador profundamente. Esses acontecimentos alarmaram bastante o corpo diplomático, como mostra o relatório do ministro da Áustria, conde Rechberg, ao chanceler Metternich, de 23 de outubro de 1844:

Essa precipitação em deixar a terra brasileira causa um péssimo efeito no espírito público. Forma um contraste muito evidente, para não ser notado e comentado, com as boas disposições que Suas Majestades demostraram ultimamente aos ilustres viajantes. Embora os membros da Família Imperial só raramente se encontrassem nestes últimos tempos, sobretudo depois que o príncipe deixou o palácio para residir numa casa que alugou em Botafogo, o imperador e a imperatriz, apesar do estado adiantado de gravidez, foram nos últimos três dias de São Cristóvão a Botafogo para jantar com Suas Altezas. Eles os acompanharam ontem a bordo da fragata com todos os membros do Conselho e só se retiraram depois de terem passado três horas com a princesa e o príncipe. (CONDE RECHBERG, 1844)

Durante a longa travessia, conde d'Áquila preparou uma minuciosa exposição a seu rei e irmão. Foram doze páginas, hoje arquivadas no Museu Borbônico, as quais ele intitula *"Ragguaglio alla Reale Maestà Ferdinando 2o Re del Regno delle Due Sicilie – sulle ultime peripezie a Rio de Janeiro nell'ottobre del 1844"*. Depois de tantas intrigas e malquerências, propomos a leitura desse interessante documento, decifrado por conta da quase ilegível caligrafia por uma especialista em Cambridge, a fim de também dar voz à outra parte, a mais envolvida neste espinhoso e mal esclarecido evento. Até hoje, ouviram-se muitas vozes, muitas delas bastante vagas e tendenciosas sobre o período entre o casamento de dona Januária e a permanência do conde d'Áquila no Brasil.

Esse documento era absolutamente confidencial e dirigido, sim, ao rei, mas sobretudo ao irmão amigo. Por isso, não devemos nos surpreender com certas expressões usadas em relação aos "inimigos", como no caso do cunhado dom Pedro II. Trata-se do desabafo de um jovem incompreendido, certamente por sua inabilidade diplomática, falta de experiência e não compreensão acerca da jovem e ainda imatura figura do imperador. Que Paulo Barbosa muitas vezes abusou da confiança que o imperador lhe concedeu, parece evidente. O mordomo-mor não era um santo e tinha, como todos, suas fraquezas.

Aqui damos a palavra a dom Luigi de Bourbon, conde d'Áquila, em sua descrição detalhada das ocorrências durante sua estada no Rio de Janeiro em 1844, traduzida do italiano para o português e da qual foram extraídos os trechos mais interessantes.

Crônica dos últimos acontecimentos no Brasil em outubro de 1844

Há seis meses eu me encontrava no Rio de Janeiro, injuriado por todos os lados, destituído de qualquer meio, quase na prostração e no abandono geral.

A grande intriga

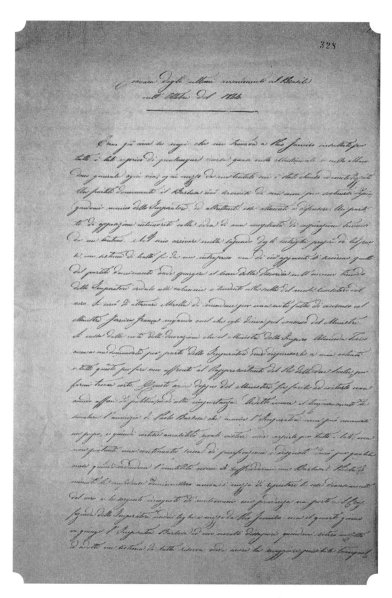

Primeira página da carta de doze folhas do conde d'Áquila dirigida ao irmão, o rei Ferdinando II, escrita durante a viagem de regresso à Europa em 1844, comentando os últimos meses de permanência no Rio de Janeiro (Arquivo da Casa Real de Nápoles, nº 328).

Cada caminho, cada expediente que eu tentei foi fechado e inutilizado. Através do partido dominante o Barbosa se servia de mim para se manter, pintando-me como sendo inimigo do imperador, atacando-me e, ao mesmo tempo, bancando o amigo. Um partido da oposição, amedrontado com a ideia de ser envolvido numa cumplicidade de conspiração, se mantinha afastado de mim.

Na minha chegada, não sabendo eu nada das intrigas próprias daquele país, me apresentei com toda a lealdade. Disso se serviram aqueles do partido no poder, para espalhar o sêmen da discórdia no ânimo tímido do imperador, crédulo das calúnias, com a tendência de aceitar o sentido pior.

Tentaram [...] atacar Merolla [ministro das Duas Sicílias no Rio de Janeiro], dizendo que tinha enviado uma nota, envolvendo o ministro Ferreira Franco. Desejo, no entanto, mencionar a índole do Paulo Barbosa, o qual simula uma amizade com a qual ele move o imperador como um fantoche. Eu no início tentei [...] carpir com gentilezas, amabilidades e presentes vistosos [a fim] de conquistá-lo [de] todas as maneiras. Isto durou alguns meses. Vendo a inutilidade comecei a esfriar os contatos com o Paulo Barbosa, na esperança [de] que dessa maneira diminuíssem os falsos relatos do mesmo. Com prudência me dirigi à Santa Cruz, fazendo onze léguas e meia de caminho do Rio. No entanto depois de quatro dias chegou o imperador acompanhado pelo Paulo Barbosa. Recomeçaram os maus humores, os desgostos e os aborrecimentos. Portanto eu me retirei para a cidade [Rio de Janeiro], adotando um sistema de toda reserva para ter [...] a maior tranquilidade possível. Mas não foi assim. Não podendo mais colher os sêmens da discórdia entre mim e o imperador, dentro da minha casa, procuraram [...] provocá-los do externo.

Foi uma ideia já projetada poucos dias depois do meu matrimônio, de realizar uma conspiração contra o imperador, que era encabeçada por um alto personagem e devia ser a construção de um edifício com uma alta parede, para separar os irmãos e os cunhados. Estes são projetos realmente desprezíveis para qualquer homem, mas não para a credulidade e a imbecilidade do imperador, o qual, prestando atenção a essas calúnias, não me apoiou em público, mas, ao contrário, me desprezava ao não responder às minhas gentilezas e, virando-me o rosto, dizendo gracejos [contra mim], com seus conselheiros e ministros.

O que fazer quando o imperador é tão obstinado, tendo eu o Ministério contrário e o Barbosa, que tem um pé sobre a cabeça de um e do outro para dominar todos: o que fazer então para se defender?

Pensei assim, de abrir-me mais com o Corpo Diplomático, porque estava convencido da minha maneira de agir, e que este pudesse, na ocasião, testemunhar ao meu favor na Europa.

Esta era a minha posição e, entretanto, os maus tratamentos do imperador e do governo continuaram sempre, colocando-me numa situação a mais difícil e a mais perversa possível, da qual eu procurava sair, com todos os meios, com dignidade e solicitude. Mas a parte mais difícil foi evitar os golpes que eu recebia de todos os lados e todos os dias. Estava num estado de completa violência: eu não mais príncipe, minha mulher não mais princesa herdeira, à nossa casa é negada até um guarda. Ao apresentar-me, nos dias de gala, ao palácio da cidade, nem mais um toque de tambor [...] nem acompanhamento normal. Qualquer pessoa que punha o pé na minha casa estava comprometida e suspeita de cumplicidade de conspiração. Mais ainda tantas e tantas outras baixezas que eu poderia relatar: poderia mencionar que o meu palafrém da carruagem, vestindo o uniforme imperial, na rua pública, rua da Cadea [sic], e debaixo do meu olhar foi apanhado, sem motivo algum, seviciado e espancado. O iníquo Paulo

Barbosa e o ministro, uma vez que conquistaram o imperador, não tiveram mais um freio nos insultos e nos maus-tratos, a fim de fortalecer-se e tornar-se interessantes. A minha condição, portanto, era de fugir do Rio de Janeiro, para nunca mais voltar, tendo-se transformado para mim o lugar de todos os desgostos e de todas as lembranças, das coisas mais tristes e negras.

Cada um de nós apresentava propostas, e não poucas iniciativas foram discutidas e julgadas. Quem tinha proposições inúteis, não oportunas, demasiadamente violentas. Quem propunha atos realizáveis bons, mas depois de serem colocados debaixo de escrupulosa reflexão, se decidia que não eram o caminho justo para o fim.

Na conclusão foi apresentado o projeto de fazer através da princesa um pedido ao imperador, de realizar uma viagem a fim de curar a sua saúde. Apareceu uma oportunidade, a da Gala, em lembrança da princesa Francisca, no dia 14 de mês de agosto (possivelmente pelo aniversário do príncipe de Joinville), no qual o imperador deu um jantar: indo a São Cristóvão falasse a irmã ao irmão, se irmão se pode chamar aquele que teme somente a traição da irmã, e a tem vigiada por covardes mercenários, os quais para ganhar aceitam transmitir qualquer calúnia e realizar uma má ação.

A minha mulher fala ao imperador e este, na sua maneira habitualmente indecorosa e arrebatada, lhe responde: "Tenho muito que dizer sobre isto". O que significam essas palavras? Não é outra coisa senão [...] o convencimento do imperador, acreditando nas calúnias que lhe contaram, e a sua estupidez e ignorância das coisas. Várias foram as nossas interpretações, e os remédios que deveríamos adotar. A minha primeira ideia foi de reunir o Corpo Diplomático e apresentar a este o quadro exato da minha conduta, mantida até agora, os maus-tratos recebidos e deixar depois decidir ao menos as medidas a serem tomadas, a fim de ter uma satisfação e explicação das palavras do imperador, assim como da sua conduta. Tenho, porém, refletido sobre essa decisão, a achamos inútil, pensando que seria melhor [...] apelar e recorrer ao povo, aguardando o seu juízo, sendo um acontecimento público. Outras coisas ainda foram ditas, mas todos acharam melhor aguardar os acontecimentos.

Tendo já uma inflamação do estômago, me decidi, após uma longa e refletida reunião, [...] escrever ao imperador.

Fiquei atendendo até a metade do mesmo mês e, nada tendo recebido de volta, decidi, após madura reflexão, [...] escrever-lhe uma segunda carta, citando-lhe novamente os mesmos motivos. Dessa vez não ficamos na espera e decidimos [...] chamar, para nos aconselhar, o conde Ney. Isso por dois motivos: em primeiro lugar, ouvir a sua opinião e segundo para nos assegurar cada vez mais sobre o valor da palavra a receber [do imperador]. Uma vez que estava informado de tudo, assim como do certificado do médico curante da princesa e a respeito da minha primeira carta. A resposta à minha segunda carta foi novamente um silêncio, igual à primeira. Neste estado ficamos até o dia 15, quando se celebrou o Gala da imperatriz. Estes dias de espera foram para mim e para nós todos os mais difíceis, porque corriam as vozes que na cidade se ouviam insultos e perigo de um atentado à minha pessoa.

Não fiquei preocupado exteriormente, mesmo assim não deixei de tomar umas precauções que se usam nessas situações.

Não modifiquei a minha vida normal, porém tomando cautelas e estando preparado para certas defesas. Os meus bons acompanhantes eram todos equipados com armas escondidas, tomando uma maior vigilância a nosso respeito e também sobre os nossos empregados das estrebarias. Aumentamos notavelmente os faróis à noite e tínhamos o nosso pessoal sempre reunido, a fim de estar sempre preparado para uma defesa. Me faltou somente isso no Brasil; quais foram as vantagens que eu tive, mas de qualquer maneira tenho que agradecer ao céu por ter me ajudado nessas difíceis ocasiões.

No dia 15, depois do almoço, o imperador se aproximou dizendo-me que ele tinha algo a me dizer. Subimos ao seu quarto com a imperatriz. Ficamos sentados e o imperador tirou do seu bolso o resumo da ata do Conselho do Estado, o qual declarava inútil a minha partida e que a doença da princesa era curável ficando na Serra da Estrela, a poucas milhas do Rio de Janeiro. Assim que acabei de ler este resumo, o imperador me disse que, ao receber o certificado do médico Cunha, com a minha letra, pediu que o médico viesse a sua presença a fim de que ele pudesse perguntar ao doutor o estado de saúde da princesa, pois, com aquilo que se lê no certificado, não merecia [...] ir [à] Europa. Por essa razão, vendo a decisão do Conselho do Estado e com os dizeres do dr. Cunha, ele não pensava ser necessário conceder permissão para um pedido a tal viagem.

Então eu [...] decidi [...] responder como convinha dizendo-lhe: que eu estava agradecido pela notícia do Conselho do Estado e que para mim era plenamente inútil, pois pela Constituição esse direito pertencia somente a ele. Eu tinha feito tudo aquilo que era necessário para partir com a licença e, portanto, eu iria viajar com a fragata francesa La Reine Blanche. A essas minhas lacônicas e convincentes palavras ele retomou o discurso, pedindo-me que, pelo apego que eu tinha à irmã dele, eu deveria achar suficiente ir para Serra.

Então eu repliquei que esperava que tivesse entendido as palavras da minha carta. Não vendo que ele tivesse percebido o sentido delas, eu explicaria que os outros motivos urgentes eram os seus péssimos tratamentos tidos comigo e com a sua irmã. Sua péssima conduta, sob esse ponto de vista, me obrigaria a fazer esse passo, pois que me enganei, tendo eu ficado um brinquedo do Paulo

Barbosa e o receptor de uma intriga. Vou comunicar ao meu rei a minha conduta e a sua e ele vai julgar qual vai ser a satisfação que eu deveria obter pelas ofensas recebidas. Que a minha conduta deveria ter-lhe sido transmitida pelos espiões imperiais, pagos por ele, pensando que lhe tivessem dito a verdade. Espiões realmente baixos e indignos que eu nominaria todos ao imperador. Mais ainda que a sua tácita aprovação por aquilo que lhe escreveram da conspiração era bem indigna, e que um imperador não deveria ser crédulo das calúnias e dos dizeres de um só indivíduo, mas deve informar-se das coisas e punir os caluniadores. A esses meus dizeres o imperador procurou-se evadir, mas eu o mantive firme, obrigando-o a me responder sobre um assunto tão importante. Não sendo eu um rapaz e nem eu pensava tratar com um mocinho, eu "exigi" que ele declarasse se ele tinha prestado atenção às vis calúnias e que me confirmasse se tinha acreditado ou não nelas. Após ter dito isso, me pediu que eu aceitasse uma fragata brasileira. Eu lhe disse que se enganava, pois eram inúteis agora essas ofertas depois da conduta que teve. Aproveitei para retomar o assunto da conspiração e perguntei que argumentos e quais provas ele tinha e se aquilo que me disse era digno de atenção. Ele me perguntou se eu nunca tinha falado de conspiração. Não respondi, pois minha política foi sempre aquela de não falar de política e de ser indiferente em relação aos partidos. Mas ele me disse, eu tenho notícias que me provam que vós tendes falado com Honório, sim, eu falei com Honório, assim como falei com Barbosa, falei com Vasconcellos, assim como com Aureliano. Sempre tratei uns e outros sem nunca me intrometer ou encarregar-me das intrigas deles. Mas veja, retomou o imperador, eu sei de uma pessoa que viu que vós falastes, durante um baile, um pouco mais com Honório do que com os outros. Aí, lhe disse que não sabia que se tinha que estar com o relógio na mão para ser indefeso aos partidos. Eu vos peço, não diga essas coisas... Não está vendo que vós fazeis desonra, realmente vós me fazeis rir, aliás mais do que rir, piedade. Pobre moço, acho que essa foi a primeira vez que ouviu falar dessa maneira: é uma grande desgraça ter que se tratar com um tal imbecil!...

Na mesma noite veio Carneiro e me ofereceu, em nome do imperador, uma corveta para acompanhamento, assim como cavalheiros e damas de honra a minha escolha. Eu me reservei o dia seguinte para dar uma resposta. Essa foi positiva, aceitando a oferta. Essa resposta foi imediatamente comunicada ao imperador. Em seguida veio-me ver, renovando-me as mesmas ofertas, o Holanda Cavalcanti, ministro da Marinha, o qual se esquivou de dar-me qualquer declaração escrita, para satisfazer-me dos tratamentos que me foram praticados e das calúnias que me foram adjudicadas. Declarou que em tudo isso o Ministério não tinha tido qualquer participação. Isso me deu ocasião de começar uma calorosa discussão. Eu lhe fiz uma repetição daquilo que eu tinha dito ao imperador. Não ficou satisfeito, pois no dia seguinte veio o ministro Torres, com as mesmas ofertas, mas eu estava pronto para repetir-lhe as mesmas coisas que eu disse ao seu colega. Depois desses oferecimentos feitos pelo imperador, por Carneiro Leão e repetidos por Cavalcanti e Torres, nós nos reunimos em discussão com Merolla e o Capelão. Ficamos indecisos, pois as opiniões variavam. Merolla dizia que se deveria aceitar tudo, para não ficar na parte dos sem razão. O Capelão dizia que, tendo recebido uma satisfação, como tinham prometido Cavalcanti e Torres, tinha-se de aceitar a fragata, tendo também a vantagem de viajar diretamente para Nápoles. Eu, depois de ter estado sempre da parte da recusa total, para não dar a eles a impressão de que eu partia contente e burlado e para não me confiar a homens prontos a qualquer traição ou covardia, me enquinei para aceitar, desde que Beaurepaire viesse comigo, não sendo brasileiro e sendo um homem contrário aos partidos. E também a escolta da corveta em primeiro lugar para ter assim uma grande satisfação, que eles talvez não dariam, mostrando que nós embarcávamos num vaso estrangeiro, tendo-o preferido a um brasileiro. No entanto, na noite do dia 18 a imperatriz me escreveu uma carta. Essa carta foi escrita pelo imperador em português e mal traduzida pela imperatriz em italiano, repetindo sempre as mesmas coisas. Eles se veem obrigados a mudar de opinião,

A grande intriga

pesarosos da conduta mantida, vendo-se com a água na garganta, mas apesar disso não disponíveis a retratar-se, como verdadeiros brasileiros. Respondi à carta da seguinte maneira: "Recebi a tua carta. Em relação àquilo que tu me dizes, te peço dizer ao teu queridíssimo esposo e meu cunhado que, para lhe causar um prazer e para agora lhe dar uma demonstração da minha afeição, enviei o capelão ao ministro da Marinha, Holanda Cavalcanti, que veio a falar disso e para lhe levar os meus sentimentos, tendo eu já antes tomado essa decisão de viajar com a fragata francesa, aceitando benignamente a corveta brasileira, assim como me ofereceu Carneiro Leão, levando comigo Beaurepaire como meu ajudante e Merolla, ao qual o imperador deu licença de acompanhar-me até Nápoles, com a condição, todavia, de levar uma carta dele de autorização".

A minha ideia inicial foi levar Merolla comigo, mas o coitado infeliz preferiu sacrificar-se para servir o rei e me defender de ulteriores intrigas. Assim preferiu ficar no Brasil. Esses atos merecem a consideração do rei. Finalmente, no mesmo dia veio Claudio Torres, levando-me a permissão junto a uma carta do imperador, o qual me repetia pela centésima vez as mesmas coisas. [Tratos ilegíveis]

Finalmente obtive o desejado propósito com dignidade, com glória e vitoriosamente. A Providência não abandona nunca quem confia nela. Tenho a permissão de partir, quando eu já não estava mais acreditando, mesmo depois do desencargo da imperatriz.

O infame Paulo Barbosa, no auge da sua raiva, não conseguiu a vingança de não ter podido impedir o consenso do imperador e do ministro do Exterior da França. Este último é amigo do malcriado e irreligioso San Martino, ministro da Sardenha no Brasil, o qual procurou denegrir-me, não somente no Rio, mas também na Europa. Esse mesmo San Martino que no mês passado transmitiu as calúnias contra mim gratuitamente ao seu governo, confirmando a exatidão delas. Na antevigília da minha partida o jornal do governo anunciou oficialmente que a fragata Constituição estava sendo preparada às pressas para me levar para a Europa, apesar de todos os acontecimentos havidos. Se eu não tivesse por previdência antecipado dois dias a data estabelecida para o meu embarque na fragata francesa, novas dificuldades teriam surgido, a fim de atrasar a minha partida, não por afeição, mas pelas mesmas intrigas do ministro e do Barbosa. Eles teriam procurado motivos, em casa, nas estradas, em público, pedindo que eu não partisse.

Esse é o quadro exato da minha posição nos últimos dias no Rio, mas é a continuação dos seis meses, que foram da mesma maneira duros para mim.

Essa minha posição foi verdadeiramente difícil e os únicos que encontrei ao meu lado foram Merolla e o capelão. Os conselhos deles foram aqueles da moderação e o do sofrimento. Eles merecem por isso a consideração do Soberano pelos seus bons conselhos, seja pelos desgostos e pelas calúnias que também souberam e sobretudo por estarem sempre do meu lado.

Deixo tudo isso à bem conhecida sabedoria do rei, pois que ele com a sua grande retidão e prudência possa avaliar aquilo que aconteceu no Rio de Janeiro com relação à minha pessoa e àquela da princesa.

Poderá ver o que me foi feito, por qual motivo e com que maneira em relação ao rei de Nápoles, para que este possa tomar, em seguida, as medidas que achará mais apropriadas.

A bordo da fragata francesa La Reine Blanche, 24 de outubro de 1844.

[A] LUIGI de BOURBON (CONDE D'ÁQUILA, 1844)

Ferdinando II, rei das Duas Sicílias, irmão do conde d'Áquila. Desenho de Wenzel, litografia desconhecida (Coleção Dom Carlos).

Maria Isabella, rainha das Duas Sicílias. Desenho de Wenzel, litografia desconhecida (Coleção Dom Carlos).

No entanto, dom Pedro II ficou com medo de ter irritado o cunhado, o rei Ferdinando II, com a desavença tão violenta com o marido de dona Januária. Assim, ainda em fins de 1844, enviou ocultamente, em missão especial para Nápoles, o conselheiro José Martins da Cruz Jobim. O conselheiro tinha como propósito eventualmente "aplainar as águas" e apresentar ao monarca napolitano sua versão dos acontecimentos, esclarecendo a tensão familiar causada, às escondidas, pelo "chefe" do Clube da Joana.

Jobim chegou em fins de dezembro à capital partenopeia, onde se apresentou ao ministro Mello Mattos, pedindo que este providenciasse uma audiência com o primeiro-ministro, o príncipe de Scilla, e outra com o próprio rei.

O conselheiro José Jobim relatou os acontecimentos ao imperador em uma longa carta, digna de ser transcrita a seguir:

Nápoles, 7 de janeiro de 1845.

Meu senhor,
aqui cheguei a 24 do mês passado, e imediatamente procurei o
príncipe de Scilla; achei-o de cama e apesar disso mandou-me
entrar por ter-lhe mandado dizer que chegava do Brasil e tinha
negócio de urgência a comunicar-lhe; encarregou-se das cartas e
da encomenda de S. M., a imperatriz.

Era meu dever apresentar-me ao ministro Mello Mattos, que me
fez o favor de receber-me com muita cordialidade, e igualmente
sua senhora. O rei estava em Caserta. Passaram-se os dias 25, 26
e 27 sem que eu tivesse aviso qualquer um deles: apareceu na ga-
zeta de Nápoles a minha entrada como encarregado de despachos
para a legação do Brasil; aqui todos diziam que o imperador do
Brasil tinha brigado com o príncipe d. Luís, porque este era muito
amável e querido do povo, e o imperador, um sorumbático muito
aferrado sem etiquetas espanholas, e tratava mal todo mundo: o
corpo diplomático indagava nosso ministro sobre o que havia, e
eu em silêncio, apesar de ver todos os dias o mesmo ministro: mas
no dia 28 vou à casa de um negociante francês aqui estabelecido,
mr. Degas, o qual me certifica que o príncipe tinha chegado com
a princesa a Cherburgo. Qual não devia ser a minha aflição, por
não ter ainda falado com o rei, por me ver aqui desamparado sem
caráter público, e exposto às consequências do fatal encontro e sabendo de certos precedentes aqui conhecidos [...] Já a este tempo
o ministro parecia-me muito desconfiado, mormente por ter ido à
casa do Scilla e este lhe ter falado de mim. Devo dizer, meu senhor,
que Mello Mattos é aqui muito estimado e tratado com distinção
e cordial amizade na Corte, era, portanto, impossível que não sou-
besse que eu vinha para cá, e que então irritando-se contra mim, se
lhe não testemunhasse alguma confiança, mandasse para lá dizer
barbaridades, queixando-se de que o desprezavam. Portanto disse-
-lhe em confidência e amizade que, como eu vinha à Europa trazer

meu filho, S.M.I. me tinha dito que, visto ter eu de vir ver a Itália, fizesse, como seu criado e testemunha ocular de muitas coisas, uma exposição ao rei do que tinha visto pública e particularmente no comportamento do príncipe, com o único fim de convencer o rei de que [...] nessa desavença não estava a vir da parte do imperador. Então ele mostrou-se desejoso de saber se eu fazia grande carga ao Merolla, ao que só respondia que S.M.I. não estava satisfeito com ele. Disse-me que já tinha reclamado a sua demissão, mas que lhe perguntavam que justificassem, visto que no Brasil mesmo é que se lhe tinha dado grande importância. No dia 29 fui chamado à presença do rei, que tinha vindo para o palácio da cidade; tratou-me da melhor maneira possível. Fez-me sentar com ele em um sofá e ali aturar com toda a paciência e muita atenção uma exposição de duas horas, fazendo muitas perguntas e observações; e afinal disse que havia de tomar as medidas que pudesse para satisfazer em tudo a S.M. o imperador, mais c'est vilain et malheureusement ici même [...] ici même[1]. A minha conclusão depois da exposição feita com todo o respeito foi que mandasse um homem que pelo seu caráter e qualidade influísse sobre o espírito do P., a fim de convencê-lo de que não tinha razão, que S.M.I. nada mais desejava do que a sua amizade, mas que esta era impossível enquanto existissem no Brasil homens que fossem capazes de abusar da suscetibilidade e inexperiência do príncipe e a quem tudo era devido, mas mr. Le Chevalier, quand est-ce qu'auront lieu les couches de Therese? Je crois qu'au commencement de Mars, et bien, nous y somes, elle a dit, et après cela L'Empereur ne lui accordera pas la permission de retourner em Europe? Je crois qu'oui, et bien, nous y sommes, Mr. Le Chevalier.[2] No dia seguinte encontrei-o no grande baile da academia de música com a rainha e o príncipe de Salerno com a tia de V.M., e o próprio rei, que é muito amável, fez-me o favor de

---

[1] "Este malcriado infelizmente está aqui mesmo... aqui mesmo."

[2] "Quando vai se realizar o parto de Teresa? Acho que no começo de março. E depois disso, será que o imperador vai deixá-la viajar para a Europa? Acho que sim, senhor cavalheiro."

dirigir-se ao lugar em que eu estava e pôs-se a conversar comigo. A este tempo, percebe o meu ministro a pouca distância e adianta-se a ele dizendo: oh Mr. Mattos comment vous porter vous? Il n'y a pas autant de monde aujourd'houi que l'autre jour. Le temps est mauvais, et Madame est-elle vennue? Oui, Sire, faites lui mês compliments,[3] e safa-se. Dançou muito e, uma vez que me viu ao pé dele, gostando de o ver, não tirava os olhos de mim. A rainha-mãe mandou-me chamar pelo meu ministro e conversou muito comigo em particular. O mesmo ministro levou-me à senhora, que fez um longo monólogo e criou um ciclo vicioso de perguntinhas atenciosas sobre S.: a Imperatriz pediu-me muito que lhe recomendasse ela mesma o filho a exemplo da sua mãe, [...] e afinal dizendo-lhe eu que cada vez tinha mais saudades do meu Brasil, diz-me diante do ministro que todas essas pessoas eram bem recomendadas pela honra que me tinha feito S.M.I. de mandar-me em tão importante comissão, o que muito me vexaria se não tivesse dito alguma coisa ao mesmo ministro. Ele, entretanto, tem-se portado comigo o mais cavalheiramente possível e igualmente sua senhora, que muito nos honra pela instrução e maneiras delicadas. O rei mandou-me perguntar antes de ontem quando pretendia partir de Nápoles, respondi que só esperava as suas ordens depois do dia 12 de jan., pois não devia sair de Nápoles sem testemunhar os regozijos públicos por ocasião do seu aniversário.

De V. M. I.
O mais humilde criado e súdito,
Jobim (JOBIM, 1845)

---

[3] "a ele dizendo: 'sr. Mattos, como o senhor tem passado? Não há muitas pessoas presentes hoje, como na última vez. O tempo não está bom. Sua senhora veio? Se sim, apresente a ela meus cumprimentos'."

Pelo teor da missiva do conselheiro Jobim, podemos ver que o assunto da famosa "intriga" e do consequente desacordo com dom Pedro II não tinha sido levado muito a sério pelo rei Ferdinando II. Seguramente, toda a questão da intriga de Paulo Barbosa era de conhecimento do soberano de Nápoles, que havia sido informado pelo ministro Marolla e pelo próprio irmão. Ele conhecia bem seu jovem irmão Luigi, com sua imaturidade, sua inexperiência e sua impulsividade, assim como as intrigas de corte, comuns em todos os palácios reais. O imperador, muito previdente, no entanto, enviou o conselheiro Jobim a fim de esclarecer bem sua posição, com receio também de que surgisse uma crise diplomática entre os dois países.

Recorte de jornal do Rio de Janeiro, de 13 de outubro de 1844 (Arquivo da Casa Real de Nápoles, nº 246).

Paulo Barbosa, depois desses acontecimentos, devia sentir a necessidade de uma mudança de ares, pois solicitou demissão do cargo, pedindo ao imperador que fosse nomeado ministro em São Petersburgo, o que lhe foi concedido com a maior agilidade. A nomeação foi recebida no Rio de Janeiro com grande alívio, como conta Merolla ao chanceler das Duas Sicílias, príncipe de Scilla, em 27 de junho de 1846:

> Excelência,
> Amanhã, o demasiadamente célebre mordomo Paulo Barbosa da Silva deixa o Rio de Janeiro num navio inglês, e todos, sem omitir os seus mais íntimos aliados, ficam aliviados com esta partida como sendo um peso que se lhes retira dos ombros. Este homem era um fardo para todos, mesmo aos seus mais íntimos amigos. Ele se colocava entre o imperador e as autoridades diretas e legítimas responsáveis pela administração, com a esperteza dos sumos sacerdotes da Antiguidade, que faziam falar o ídolo. No caso ele se tivesse servido de sua posição, pelo menos para reforçar a autoridade soberana, e para o bem dos interesses gerais... mas não, somente se voltava a seus escusos interesses pessoais, para fazer aumentar as trevas ao redor do jovem soberano, esbanjando com tranquilidade as rendas do mesmo. Ele revolvia as águas, tornando-as turvas para poder pescar em segurança (Arq. Hist. Itamaraty, 10-7-1845). (JORNAL DO COMMERCIO, 1844a)

Apesar de tudo, deve-se fazer justiça ao mordomo-mor, pois em certos pontos ele teve muitos merecimentos. Em 1968, em virtude do falecimento de Barbosa, o Instituto Histórico e Geográfico Brasileiro, do qual era sócio, publicou em seu necrológio, tomo XXXI, parte segunda, nas p. 443-453, uma longa lista de benemerências: são louvadas suas atividades no Exército, no qual foi brigadeiro, suas qualidades de patriota e de diplomata em Viena, Berlim e São Petersburgo. No período da mordomia, são sublinhados a grande confiança que lhe dispensava o imperador e seus dotes de administrador nos ampliamentos dos palácios de São Cristóvão e de Santa Cruz. Vemos sua intervenção na instalação da colônia alemã na Fazenda do Córrego Seco e a subsequente participação na fundação de Petrópolis. Não se fala diretamente do período do casamento de dona Januária nem do período posterior a ele.

Até mesmo o melhor homem do mundo está sujeito a erros e, às vezes, deixar-se levar pela vaidade pessoal.

Brasão da dinastia que reinou nas
Duas Sicílias de 1734 a 1860.

Carta geográfica e postal da Itália com o reino das Duas Sicílias, dedicada ao príncipe Michele de Tassis, marquês de Paullo. Elaborada por Giacomo Cantelli, Roma, 1695 (Coleção Dom Carlos).

A vida na bela Nápoles

Vista de Nápoles. Aquarela de autor anônimo, 1925 (Coleção Bowinkel, Nápoles).

A vida na bela Nápoles

O casal Áquila, proveniente do Brasil, depois de uma longa viagem, desembarcou em Brest, na França, onde o prefeito local o aguardava. O rompimento das relações entre dom Pedro II e os Áquila foi superado, e relações cordiais foram mantidas futuramente. A boa e tão conceituada dona Januária nunca poderia pensar que essa viagem seria definitiva. Nunca mais ela voltaria para o Brasil, que tanto amava. Nota-se em suas muitas cartas dirigidas ao imperador a grande saudade que sentia e a dor que tinha no coração por causa da distância. Seu amor à pátria e ao irmão era compensado pela grande afeição que tinha ao marido.

No dia 23 de dezembro de 1844, dom Luigi escreveu a seu amigo capitão Palumbo. Nota-se nele ainda o estado de irritação pelos acontecimentos que o tinham atormentado na terra da esposa: "[...] aqui estou eu enfim de volta ao mundo civilizado; cheguei a Brest, após uma entediante travessia de sessenta e dois dias, saindo do Rio de Janeiro. Minha esposa sofreu muito, mas agora está muito feliz por ter chegado" (GUARIGLIA, 2007. 76, p. 76). Seguiram logo para Paris, onde foram hospedados no Eliseu. Dona Januária ficou encantada com a tão familiar recepção. A rainha, Maria Amélia, era tia do conde d'Áquila e da imperatriz dona Teresa Cristina.

Finalmente, depois de alguns dias, seguiram para Nápoles, na Itália. Um navio borbônico levaria o casal de Marselha à capital do Reino das Duas Sicílias. Grandes festejos os esperavam na chegada. O casal se hospedou por um período no Palácio Real, no centro de Nápoles. Depois, o rei lhes reservou o Palácio Campo Franco, também no coração da capital partenopeia. Nos primeiros dias, receberam muitas visitas de parentes e amigos que desejavam conhecer a "brasileira".

Pouco tempo depois da chegada, no dia 18 de julho de 1845, nasceu o primeiro filho de dona Januária e dom Luigi, o qual receberia o nome do pai.

Naquele ano, o sangue de San Gennaro, o mártir protetor da cidade, se liquefez, o que nem sempre acontece. Grande foi a felicidade do povo pelo prognóstico tão favorável.

San Gennaro, ou São Januário, é festejado no dia 19 de setembro na catedral partenopeia. Todo o povo, em festa, se dirige ao Duomo, ansioso para ver se o querido patrono realizou o esperado milagre, que ocorreu pela primeira vez em 1389. San Gennaro nasceu em Nápoles, de família nobre, desconhecendo-se a data certa. Seus estudos e a vida exemplar o levaram a ser nomeado bispo de Benevento, sob reinado do imperador Diocleciano. Os cristãos eram perseguidos, e Gennaro não escapou da prisão. No dia 15 de setembro de 305, após ter sofrido terríveis torturas, ele morreu decapitado na "Solfatara" de Pozzuoli. Uma mulher de nome Eusébia, junto de outros cristãos, recolheu seu sangue em pequenas âmbulas de vidro, nas quais habitualmente era guardado o bálsamo. O corpo do santo foi sepultado em um lugar secreto.

Em 313, sob o governo do imperador Constantino, cessaram as perseguições, mas somente no ano de 431 o corpo de Gennaro foi exumado e colocado nas catacumbas de Nápoles. Após várias transferências a Benevento e Montevergine, em 1497 o cardeal Alessandro Caraffa mandou colocar o corpo do glorioso mártir na catedral de Nápoles, onde repousa na Capela do Tesouro. Para a adoração do povo, está exposta a âmbula do sangue, assim como o crânio do santo, em um relicário especial de prata e pedras preciosas.

Essa esplêndida e riquíssima capela foi construída após uma solene promessa do povo da cidade, em 1527, em agradecimento ao fim da terrível peste que assolou a região por vários anos, e também na esperança de não se repetirem mais os terremotos a partir das erupções do Vesúvio, ocorridas entre 1500 e 1600. San Gennaro foi reconhecido patrono da cidade pelos papas Paulo V e Urbano VIII.

Nos anos seguintes, os napolitanos precisariam de muitas intervenções do santo devido os acontecimentos políticos que penalizariam a região. Convém aqui trazer o texto da grande escritora brasileira Nísia Floresta, a qual assistiu uma vez, durante os três anos que residiu na Itália, a uma das milagrosas liquefações do

A vida na bela Nápoles

sangue de San Gennaro. Naquela ocasião, ela também presenciou os momentos nos quais a Família Real partenopeia rendeu suas devotas homenagens ao grande santo mártir.

Nísia relata a excitação popular, com gritos e excessos, e a devoção do rei e de sua família, mostrando-se emocionada ao rever a princesa dona Januária. A escritora ficou surpresa ao ver o rei Ferdinando II com um semblante tão humano e simpático, ao contário da propaganda negativa feita pelos elementos da Giovane Italia e pelos adeptos da unificação da península itálica. Estes pintavam erroneamente o monarca como um monstro sanguinário e brutal. Diz a famosa escritora e primeira jornalista do Brasil:

> A gritaria, a indecente exaltação sob a abóbada de um templo católico, o aspecto desgrenhado das estranhas adoradoras de San Gennaro lembrava[m] mais certas bacantes do paganismo

Vista do interior da Catedral de São Januário em Nápoles, durante o milagre da liquefação do sangue de San Gennaro. Gravura de Martini e Nicolet, da Academia de Roma (Coleção Dom Carlos).

do que piedosas cristãs. A multidão que escutava indiferente as imprecações profanas que saíam de suas bocas, numa linguagem grosseira; a presença do padre nos degraus do altar, voltado para o povo, com o frasco nas mãos, aproximando-o às vezes de uma lâmpada, esperando friamente o milagre que acalmaria os espíritos exaltados e satisfaria a curiosidade dos espectadores; todo o singular conjunto, o contraste ou mistura de fé, de fanatismo de dissimulação, estampados nas diferentes fisionomias que eu contemplava neste recinto sagrado, compunham um quadro dos mais curiosos!

O sangue coagulado enfim se liquefez, sem que aparentemente lhe fosse adicionada qualquer substância química. Estávamos bem próximos do bom cônego, que nos mostrou o frasco, assim como a todas as pessoas que se aproximaram apressadamente para verificar o milagre, a maioria para beijar, de joelhos, o frasco que no padre lhes apresentava, começando com o grupo de mulheres, cuja exaltação chamara-me a atenção.

A alegria e a calma sucederam-se à exaltação: já era tempo! Voltamos ao hotel suficientemente iniciadas numa das mais antigas e mais estranhas tradições do povo napolitano.

Ao saber que o rei das Duas Sicílias deveria vir essa manhã de Gaeta, com toda a sua família e a sua Corte, para venerar na catedral o milagre de San Gennaro, para lá me dirigi na hora indicada. Outro motivo, e este tem a ver com o coração, porque estava ligado às lembranças da minha querida pátria, fez-me desejar ver este ator: a vontade de rever a boa princesa dona Januária, angélica criatura tão amada por todos em nosso país natal, onde foi princesa imperial até que seu irmão, o atual imperador do Brasil, teve um herdeiro. Casada com dom Luís, irmão de Ferdinando II, a virtuosa princesa, brilhante flor dos trópicos, foi transplantada para Nápoles, onde fenece apesar do esplendor do Céu e

A vida na bela Nápoles

da magia da natureza embriagadora! É que, nascida no meio de uma natureza mais rica, mais esplendorosa, mais majestosa que a de Nápoles, além disso era acostumada a viver entre corações sinceros e afetuosos que a adoravam, e no meio dos sorrisos encantadores da nossa eterna primavera, e sua alma não estava atormentada por aflições que aniquilam a vida prematuramente.

Um atencioso senhor da Corte teve a gentileza de nos conduzir, através das filas de guardas postados na igreja, e de nos instalar numa das tribunas, na capela, bem perto do lugar reservado à Família Real. Alguns instantes depois a Corte entrou. Nossos olhares procuraram aquela que nos interessava mais e, reconhecendo-a, apesar da grande transformação que se mostra em seu rosto, sentimos ao vê-la uma viva emoção de prazer e melancolia.

A querida princesa, cuja presença despertou em minha alma um mundo de lembranças, ajoelhou-se, logo ao chegar, no tapete de veludo estendido perto da balaustrada. Absorta, sem afetação, seu semblante bom e simpático estava tomado de resignação cristã. Na sua prece ela não esquecia, sem dúvida, sua santa mãe, cujas cinzas repousam no Rio de Janeiro, onde a lembrança de suas virtudes estão gravadas em todos os corações.

Não rezarás no túmulo desta ilustre mãe, Ó! Filha dos trópicos que degradada em terra estrangeira! Pensei, contemplando o recolhimento da condessa d'Áquila. E o pensamento que nos aproximava enterneceu-me e entristeceu-me. Meu olhar fixou--se sobre ela, e, deixando a capela de San Gennaro e a Corte de Nápoles ajoelhada diante do altar, imaginava-me na capela imperial do Rio de Janeiro, em dias melhores para a princesa e para mim. Seu vestido e o de sua cunhada, a princesa de Siracusa, e até mesmo o da rainha, era[m] muito simples. Um véu branco cobria a parte de trás de sua cabeça e caía até os joelhos sobre um simples vestido de seda. O rei usava o traje militar. O jovem herdeiro e seus irmãos o imitavam.

Esperava encontrar no rosto de Ferdinando II uma expressão dura e feroz. Fiquei surpresa ao encontrar um ar de bondade, em vez de expressão de um déspota cruel. Aqueles que não conhecem os atos de tirania deste rei o veriam ali como um bom pai de família, cercado por sua mulher, filhos, irmãos e cunhados, prosternado diante do altar, rezando com aparência de profundo recolhimento, e não deixariam de apontá-lo como o melhor soberano do mundo. É bem verdade, pensei comigo ao vê-lo, que este déspota crê no milagre de San Gennaro. Porém, se ele acreditasse, sinceramente, temeria o fim do procônsul Timothéo, perseguidor, como ele, das ideias regeneradoras!

Após uma curta prece o rei e toda a sua família levantaram-se e foram ajoelhar-se nos últimos degraus do altar, onde um cardeal lhes apresentou o mesmo frasco que víramos na véspera e cada um, a começar pelo rei, o beijou humildemente.

Logo que a cerimônia terminou o rei e a sua Corte saíram da igreja saudando todas as pessoas. Os carros os esperavam na praça ao lado da igreja, e de lá tomaram o caminho de volta para Gaeta.

Algumas palavras sobre uma atitude de independência popular, que muito me surpreendeu.

Quando nós chegamos aos lugares reservados na capela, espantei-me ao ver, entre as damas da Corte e algumas estrangeiras, o mesmo grupo de mulheres cuja exaltação fanática impressionaram-me ontem. No momento em que o rei entrava, ouvi uma das mais idosas responder orgulhosamente a um senhor do séquito real, que a mandara levantar-se como todos os outros: "Ninguém aqui tem o direito de me dar ordem, eu e minhas companheiras temos os nossos privilégios, como o rei tem os seus".

E permaneceu sentada de costas para a Corte, enquanto o cortesão ficava em silêncio e afastava-se envergonhada.

Curiosa para entender cena tão inusitada, perguntei à pessoa que nos encontrava o lugar por que essas mulheres agiam e falavam tão livremente. "É um costume antigo, disse, que não podemos impedir. Estas mulheres acreditam-se privilegiadas, e preciso tolerá-las".

A amargura mal disfarçada com que o senhor napolitano pronunciou este "É preciso" muito me esclareceu sobre um dos métodos empregados pelo governo para manter o seu poder, a despeito da decadência de sua força moral.

O quê! As pobres mulheres da última classe do povo eram então mais rainhas do que a própria rainha!?

Esta cena rebelou-me que, apesar de tudo que se diz, um resto de liberdade ainda está de pé aqui, onde reina um rei absoluto. Quando diante do rei um grupo de pobres mulheres demonstra tão bravamente a independência do espírito popular, é possível crer que o coração desta nação ainda guarde elementos de vigor por baixo dos ferimentos que cobrem o seu corpo. (FLORESTA, [s. d.], p. 168-171)

Dona Januária era realmente uma atração para os brasileiros que iam a Nápoles. Muitos se contentavam em avistar a princesa, outros, que tiveram contato com a Família Imperial, a visitavam de fato, o que pode ser lido, por exemplo, nas memórias dos Nogueira da Gama, publicadas por Pedro Calmon (1985):

> [...] fizemos um agradável passeio de carro pela cidade, e, no dia 14, [se desconhece o mês e o ano], dirigimo-nos, em companhia do encarregado de Negócios do Brasil e sua amabilíssima senhora, nossa prima, o visconde de Santo Amaro, no palácio da residência de S.A.I., a condessa d'Áquila, em Capodimonte, estava ausente o príncipe, seu esposo; mas a princesa brasileira nos recebeu com a bondade e lhaneza que de há muito lhe conhecíamos, e que tão querida a fizera entre nós. Dali nos dirigimos às residências de suas altezas, a condessa de Montemolino, e da princesa d. Maria Amélia, irmã de S.M., a imperatriz [...].

Deve-se sublinhar que os Nogueira da Gama tiveram uma relação particular com a casa imperial do Brasil.

Foi uma grande coincidência que uma princesa brasileira com o nome de Januária tivesse se casado com um príncipe napolitano. Para demonstrar o apego ao santo mártir, convém mencionar que a primeira, a mais importante e mais bonita Ordem Honorífica da Casa Real das Duas Sicílias foi a Ordem de São Januário Mártir. O único brasileiro que a recebeu foi o imperador dom Pedro II, por ocasião de seu casamento com a princesa napolitana dona Teresa Cristina. A Suprema Ordem de São Januário Mártir foi fundada em 3 de julho de 1738 pelo rei Carlos de Bourbon para comemorar suas bodas com a princesa real da Polônia Maria Amália Walburga, da dinastia então reinante naquele país, a Casa de Saxe (BASCAPÈ, 1963).

Dona Januária se acostumou bem à nova vida e moradia. Das janelas de sua residência, avistava um mar esplêndido. O clima era agradável e ela mantinha um contato muito aprazível com todos os parentes. Saudades, ela certamente sentia do longínquo Brasil, do bondoso irmão, a quem com frequência escrevia, e da natureza exuberante da Fazenda do Córrego Seco.

Examinando-se a documentação relativa ao conde d'Áquila no Arquivo Borbônico, sua figura tinha aspectos muito interessantes, a maior parte desconhecida. Sem dúvida, ele foi uma personalidade capaz de manter certa autonomia, todavia, sempre sob o olhar

A vida na bela Nápoles

severo e atento do irmão Ferdinando – tanto na carreira militar como nas viagens de instrução realizadas pelo Mediterrâneo. Não há muitas notícias sobre sua verdadeira atividade na Marinha depois de seu regresso do Brasil.

Dom Luigi fora designado ao comando da Armada e por vezes precisou acompanhar o rei em breves viagens e inspeções ao setor naval. No entanto, ao que parece, ele pouco se ocupava de suas obrigações, tanto é que se dizia, erroneamente, que a única viagem importante dele foi ao Brasil, para se casar.

Quase um ano depois do nascimento do primeiro filho, em 22 de julho de 1846, nasceu a pequena Maria Isabel. Dona Januária não devia frequentar muito a sociedade, mantendo uma vida bastante solitária, embora recebesse regularmente em audiência, e com prazer, o visconde de Santo Amaro, a consorte dona Ana Constança Caldeira Brant, filha dos marqueses de Barbacena, entre outros. O visconde era ministro do Brasil junto ao Reino das Duas Sicílias. Esse simpático casal revelaria, no futuro, grande dedicação e amizade aos Áquila.

Muitas foram as visitas realizadas pelos Áquila ao paço de Capodimonte, onde está a imponente e preciosa pinacoteca que os Bourbon herdaram dos Farnese. É possível visitar essa famosa coleção, organizada em um dos mais belos e ricos museus da Itália. O lugar predileto do casal passou a ser o maravilhoso Paço Real de Caserta, que o visconde visitou demoradamente, sempre no verão, quando Ferdinando II lá residia. Esse maravilhoso e enorme palácio, cuja obra foi iniciada em 1752, de acordo com o projeto do famoso arquiteto Luigi Vanvitelli, é considerado o Versailles italiano. Seu parque e jardins, com suas fantásticas fontes, são únicos. Para os enormes chafarizes, foi construído um aqueduto de trinta quilômetros de comprimento. Essa água não era trazida somente para o prazer da Corte real, mas servia também para abastecer os campos de centenas de pequenos agricultores.

Em 12 de agosto de 1847, nasceu o príncipe Philippe. Os Áquila viveram então um período sereno. Dona Januária se ocupava dos

Carnaval na corte de Nápoles. O corpo diplomático, da esquerda para direita: Francis Clarc-Ford, embaixador da Inglaterra; visconde de Digeon, embaixador da França; cavaleiro de Arona; embaixador da Espanha; general conde Martini, embaixador da Áustria; ajudante do embaixador da Áustria; barão de Walsberg, secretário do embaixador da Áustria; conde de Bernstorff, embaixador da Rússia; embaixador do Brasil (Provost – Garnier, Paris) (Coleção Dom Carlos).

filhos, e pouco se sabe sobre ela nesses anos. Ela mantinha uma constante correspondência com dom Pedro II, mas era mais de caráter social, pelos aniversários, pelas festas natalícias ou para perguntar sobre a situação no Brasil – e mais tarde, naturalmente, sobre os acontecimentos da Guerra do Paraguai.

Conde d'Áquila se dedicava não somente à Marinha, mas ao restauro de antigas igrejas, a obras de caridade e à pintura. Ele se apaixonou pela primeira bailarina do Teatro San Carlo de Nápoles, Amina Boschetti, deixando o mar, ao que parece, em segundo lugar. Dona Januária, em sua bondade e enorme resignação, deve ter sofrido uma grande tristeza (PETACCO, 1994, p. 102). Com o

A vida na bela Nápoles

Carnaval na corte de Nápoles. A Família Real, da esquerda para direita: Maria Carolina, condessa de Monte Molin; príncipe herdeiro de Nápoles; Sua Alteza Federico Augusto, príncipe da Saxônia; princesa Maria Amália; Sua Majestade, rei Ferdinando II; Sua Majestade, a rainha; princesa Isabella, condessa de Trápani; conde d'Áquila (Provost – Garnier, Paris) (Coleção Dom Carlos).

Vista do Palácio de Caserta. Gravura de autor anônimo (Coleção Dom Carlos).

tempo, todavia, a bela Amina sumiu das crônicas. Esse fato certamente não deixou em boa luz o loquaz príncipe, sobretudo para a família Bourbon, tão ligada à Igreja. Dona Januária foi consumida pelo caráter inconsiderado e às vezes dissipador do marido, que a fez sofrer humilhações, em muitas ocasiões documentadas.

Abalando-lhes a tranquilidade, apareceu um agente na pessoa do tenente-coronel barão de Mascarenhas, que fez uma excitante oferta: a Coroa de um futuro "Reino do Alto Peru". Na realidade, Mascarenhas esperava que o cunhado de dom Pedro II obtivesse, em pouco tempo, licença para que a British-Bolivian pudesse transitar pelo Alto Peru, a fim de realizar livremente suas exportações através do Amazonas, ainda fechado ao trânsito internacional naquele tempo. Mas conde d'Áquila não desejava um trono tão fantasioso e recusou com ironia a oferta.

Um visitante ilustre

O arquiduque Fernando Maximiliano

O conde d'Áquila naturalmente também devia se ocupar de receber hóspedes importantes que vinham visitar, mesmo que privadamente, a Casa Real das Duas Sicílias. Um desses visitantes ilustres foi o arquiduque Fernando Maximiliano da Áustria, irmão do imperador Francisco José, tendo permanecido de 10 a 17 de agosto de 1851.

O arquiduque foi um dos muitos membros da Casa de Habsburgo que fizeram história. Na ocasião, ele já tinha sido vice-rei da Província da Lombardia e do Vêneto, comandante da Marinha austríaca, e viria a ser imperador do México. Maximiliano era um grande viajante, espirituoso observador, amante e conhecedor das artes, poeta e escritor, tendo sido também um grande admirador de dom Pedro II e do Império do Brasil, que tinha visitado com o maior interesse. Deixou em sua ampla bibliografia um minucioso diário do qual se pode colher algumas observações interessantes. Chegando a Nápoles, a primeira coisa que ele fez foi visitar a princesa Clementina, irmã de nossa imperatriz dona Leopoldina. A princesa tinha perdido o marido, o príncipe de Salerno. O arquiduque conversou longamente com ela, pois era sua tia direta, além de muito estimada. Vamos seguir as anotações do diário dele, do dia seguinte a esse encontro:

> Acabamos de descansar algumas horas, e já tivemos que nos preparar. Numa manhã maravilhosa o nosso barco nos levou a uma enseada do porto, destinada sobretudo aos navios de guerra. A bordo do encruzador Fieramosca, nos estava aguardando o irmão do rei, conde d'Áquila, para nos levar a Gaeta para encontrar o rei. O conde d'Áquila estava na ponte, rodeado pelos seus oficiais. Eu então tive a ocasião de travar o seu conhecimento. Ele não é alto, um pouco aredondado pela sua idade, seu semblante tem todavia o dito espirituoso dos Bourbon. Ele é chefe da Marinha e teve a sorte de ter estado já duas vezes no Brasil. Na

última viagem, foi buscar como esposa a irmã do imperador. Uma esposa transatlântica.

Durante a minha permanência em Nápoles, tive o prazer de conhecer bastante bem e apreciei a maneira espirituosa e muito agradável desse jovem. Ele consegue, com grande talento, com simplicidade e com muito espírito, ganhar a simpatia das pessoas com as quais ele tem contato. Além disso, ele é marinheiro de corpo e alma, gosta também dos cavalos e, apesar de nunca ter estado na Inglaterra, conseguiu transplantar e, com muita habilidade, introduzi-la em território napolitano. O que eu achei uma qualidade admirável nele é que não se consegue notar a sua origem de italiano meridional. O sinal da partida tinha sido dado e o majestoso navio começou a atacar as ondas do mar, passando ao lado do imponente Palácio Real. O nosso caminho nos leva ao lado de Posillipo e Baia, depois a viagem em direção a Gaeta é de pouco interesse. As quatro horas de viagem passaram depressa, na agradável conversa com o conde d'Áquila, o qual, nesse curto período, já conseguiu ganhar a minha confiança.

Agora já apareceu o promontório de rochas que constitui a base da imponente fortaleza. Pode-se imaginar a minha grande curiosidade em ver este lugar tão conhecido, que deu asilo a muitas coroas oscilantes e abrigou muitos príncipes, e "cujo nome entrou em 1848 na história mundial". (ABSBURGO, 1867)

O arquiduque continua a relatar detalhadamente o encontro com rei Ferdinando II, dizendo como tinha se acostumado a viver longos períodos em Gaeta, então uma encantadora cidadezinha, em vez de ocupar o Palácio Real. Maximiliano morava em uma pequena casa, onde tinha tempo e tranquilidade para estudar os vários projetos em benefício do seu país (ABSBURGO, 1867, p. 142, v. 1).

Um visitante ilustre

No fim de sua estada em Nápoles e redondezas, Maximiliano quis agradecer com um banquete em seu navio fragata *Novara,* uma das glórias da Marinha austríaca.

Na nossa fragata, hoje se realizaram grandes arrumações, preparativos e grande trabalho nas cozinhas, nesse nosso palácio flutuante, pois eu desejava agradecer ao conde d'Áquila antes da nossa partida.

O jantar foi alegre, apesar de termos melancolia no nosso coração pelo destaque do dia seguinte. Eu encontrei no tão gentil Áquila um amigo, graças ao qual as recordações de Nápoles e suas atenções fazem a despedida muito difícil.

No dia seguinte, debaixo do som do hino borbônico, o meu navio se afastava lentamente, e eu fiquei ainda muito tempo em pé, saudando-o e seguindo-o com o meu olhar. (ABSBURGO, 1867, p. 36, v. 1)

As palavras do diário do arquiduque eram sinceras e são confirmadas em uma carta de Maximiliano ao irmão, o também arquiduque Carlos Ludovico, quando estava a bordo do cruzador *Vênus* no dia 3 de janeiro de 1852:

Enquanto vocês têm visitas no norte, nós aguardamos dentro de alguns dias um precioso amigo, que vem do alegre e verdejante sul. O conde d'Áquila vem com sua mulher, ele vem de Veneza para Trieste, a fim de seguir para Viena, onde pretende ficar 3 ou 4 dias, viajando depois para Londres. Infelizmente, ele ficará somente pouco tempo em Trieste, de maneira que eu não poderei retribuir todas as gentilezas que ele me ofereceu durante a minha permanência em Nápoles. Ele é um homem extremamente amável e alegre. Ele é o único membro apresentável da Corte Siciliana. (ABSBURGO, 1867, p. 49. v. 1)

O arquiduque apreciava muito dona Januária, achando-a encantadora, pois ela era não somente sua prima, mas meia-irmã de sua sempre relembrada noiva, dona Maria Amélia, que tinha falecido no ano anterior, na flor da idade, na Ilha da Madeira.

Se dom Luigi tivesse tido a chance de ler tantas palavras gentis, teria tido uma grande satisfação. O marido de dona Januária era um artista: devia ser simpático. Do ponto de vista econômico, ele vivia longe da realidade, talvez fosse um homem "galante", como às vezes era chamado, um sonhador, com os pés longe do chão. Contudo, no fundo, uma boa pessoa. Tudo isso lhe proporcionou também inimizades, incompreensões. Certamente, depois de tanto tempo, é difícil fazer conjeturas.

Um futuro incerto

Não se sabe se, até 1857, o casal Áquila ainda vivia no Palácio Campofranco ou em outra habitação colocada à disposição pelo rei. As finanças de um príncipe das Duas Sicílias não deviam ser muito vultosas. Desse modo, somente em 1857 conde d'Áquila conseguiu adquirir a Villa Rosebery, no golfo de Nápoles, perto de Posillipo, que ostentava uma das mais bonitas vistas da região. Nessa ocasião, o aventuroso dom Luigi mandou restaurar, por sua conta, a linda igreja matriz de Posillipo, dedicada a Santa Maria da Consolação, chamada Do Carmo, e o orfanotrófio adjacente. Em lembrança a essa ação existe ainda hoje, em sua fachada, uma grande placa, exaltando conde d'Áquila. A seguir, reproduzimos os dizeres em latim gravados na placa, que descrevem a generosidade do conde:

QVEM TEMPLI HVJUS ORPHANOTROPHII QVE PROSPECTVM
ABNORMEM INORNATVM QVE RELIQVERAT
KAROLVS MARIA ROSINIVS EPVS PVTEOLANVS
HVNC AD IVSTAM ARCHITECTONICES NORMAM EXIGI
TECTORIO QVE OPERE EXORNARI
ANNO REPARATAE SALVTIS MDCCCXLVI
LVDOVICVS BORBONIVS AQVILAE COMES
PRO GENTILITIA IN B.M. VIRGINEM PIETATE
SVB EXPECTATIONIS PARTVS TITVLO CELEBRATISSIMAM
SVA PECVNIA IVSSIT
ALIIS ATQ. ALIIS ADJECTIS COROLLARIIS
NE TANTAE PRINCIPIS PIENTISSIMI
MVNIFICENTIAE MEMORIA
TEMPORIS EDACITATE DEPERIRET
RAPHAEL PVRPO EPVS PVTEOLANVS
HVNC LAPIDEM P.C.

Na bela Villa Rosebery, dom Luigi continuava a ampliar o parque com plantas raras e construiu um pequeno porto. Ele batizou a vila de La Brasiliana, em homenagem à dona Januária.

Os trabalhos de restauro do parque e da habitação duraram três anos, até que, em 1860, com a queda da monarquia borbônica, os piemonteses, iniquamente, expropriaram a Brasiliana, sem que a família tivesse tido a chance de desfrutar dela. Hoje a Villa é uma das residências de verão do presidente da República italiana.

O ano de 1859 já havia sido muito triste para o casal, pois em 14 de fevereiro havia falecido a simpática Maria Isabel, com 13 anos. Para dona Januária, foi uma profunda dor: "era a minha consolação e companhia", lamentou-se ela (DONA JANUÁRIA, 1859). Poucos meses depois, em 22 de maio, faleceu o rei Ferdinando II, então com 49 anos. Foi outra perda irreparável, e daquele momento em diante o reino estava fadado ao fim, incluindo o prestígio do conde d'Áquila.

Antes de morrer, o rei nomeou conde d'Áquila comandante do Conselho Naval, confiando, erroneamente, em sua dedicação e capacidade. O rei ainda deixou em testamento a cada um dos irmãos uma herança de 20 mil ducados, além de objetos artísticos de natureza familiar que não chegaram a receber, pois a ávida mão dos invasores foi mais rápida. O fim prematuro e pranteado desse grande rei merece ser relatado a seguir, a partir do trabalho do grande historiador e profundo conhecedor da história do reino napolitano Harold Acton (1960, p. 443-445):

> Não era mais possível esconder do povo a gravidade da doença de Ferdinando II. No dia 12 de abril de 1859, percebendo o rei que poderia falecer de um momento para outro, ele pediu [para] receber a extrema unção. Toda a família, com exclusão dos pequenos príncipes, estava presente à solene cerimônia. Com um grande esforço o rei Ferdinando se ergueu para poder sentar na cama. Parecia um esqueleto, mas estava decidido a morrer muito dignamente.
>
> A cada irmão pediu alguma coisa: confiou a frota ao conde d'Áquila, o exército ao conde de Trapani.

Aos generais Ischitella e Finlangeri se fez prometer que eles teriam assistido e aconselhado seu herdeiro que naquele dia todos os teatros ficassem fechados.

Assim mesmo o rei não morreu, conservando uma incrível lucidez mental. Durante esta doença a rainha nunca abandonou o seu quarto, vigiando-o sentada numa poltrona ou num sofá. De dia estava em oração, ajoelhada ao lado da cama. O rei ainda chamava o filho Francisco, ao qual recomendava jamais chegar a compromissos com uma revolução e de nunca alinhar-se com Piemonte ou a Áustria, mas considerando o estado Pontifício como o último baloardo.

Por volta do meio-dia do dia 22 de maio começou a agonizar. Todos os membros da Casa Real (certamente também os condes d'Áquila) estavam presentes chorando.

A um certo instante o rei abriu os olhos e perguntou: "por que estais chorando? Eu não vou vos esquecer".

Olhando para a rainha, acrescentou: "Vou rezar para você, pelos filhos, pelo papa, pelos súditos amigos e inimigos e pelos pecadores. Depois não conseguiu mais [...] falar. Com uma mão segurando o crucifixo do seu confessor e a outra envolvendo a mão da esposa, faleceu poucos instantes depois da uma da tarde.

Parecia impossível que o morto não tivesse ainda 50 anos. Estava presente também dom Sebastião, o infante carioca, neto de dom João VI, nascido no Rio de Janeiro e casado naquele tempo com uma irmã de Ferdinando II. Este mandou pintar pelo Domenico Caldara o rosto sereno que estava repousando na eterna paz.

Foi sepultado, como muitos membros da família, na Basílica de Santa Clara, em Nápoles.

Seguiu como rei das Duas Sicílias o filho do primeiro casamento de Ferdinando II com a princesa Cristina de Saboia, com o nome de Francisco II. Tinha 23 anos. A mãe faleceu poucos dias depois do parto. Por sua piedade e suas muitas obras de caridade, foi elevada à honra dos altares pelo papa Pio IX. Até 1860, o Reino das Duas Sicílias foi rico, tinha paz, comércio, prosperidade, arte, indústrias, pesca, agricultura e artesanato; era invejado, tinha escolas grátis, teatros maravilhosos, museus, etc. A riqueza do reino consistia também na boa administração pública, a qual dava autonomia às prefeituras, e o sul tinha acumulado um grande patrimônio em ouro depositado nos bancos de Nápoles e da Sicília. A emigração era desconhecida até então.

O reino tinha que ser abatido de qualquer maneira e à base de traições. Naquela época, o movimento Giovane Italia já estava à procura de um líder, a fim de poder movimentar as massas para realizar seus intentos. Um italiano nascido em Nizza, depois fugido para as Américas, onde criou certa fama de revolucionário, pareceu a pessoa ideal. Era um certo Giuseppe Garibaldi.

O "generale" Garibaldi, como ele se fazia chamar, apareceu no momento justo. A fim de animar as massas, era apresentado como o herói dos olhos azuis, loiro, alto, cheio de coragem, romântico, idealista, o tal que expunha a própria vida pela liberdade dos outros. Na realidade, não era alto, era aloirado, tinha reumatismo, caminhava curvado e, para subir em um cavalo, precisava da ajuda de dois homens. Usava cabelos compridos, e no sul o povo dizia que, ao tentar violentar uma moça, esta lhe arrancou uma das orelhas. Esse indivíduo-herói hoje seria chamado criminoso, terrorista, mercenário. Com 1,65 m, tinha as pernas curvas, mas, ainda assim, era muito vaidoso (CIANO, [s. d.a]).

O jovem rei Francisco II precisou enfrentar logo uma situação das mais difíceis. Não tinha a experiência do pai, não conhecia a malícia dos políticos e estava rodeado de tios que se achavam com mais direitos à coroa do que ele próprio. Quatro meses antes da

Um futuro incerto

Conde d'Áquila como Sua Alteza Imperial e real vice-almirante e presidente do Conselho Naval. Litografia de Gatti e Dura, Nápoles (Coleção Dom Carlos).

morte do pai, Francisco II havia casado com a princesa Maria da Baviera, irmã da imperatriz Elisabeta da Áustria.

Desde 1848, a Itália estava em um grande rebuliço político. Napoleão I já tinha sonhado com o reino da Itália. Fez-se coroar com a célebre coroa de ferro de Carlos Magno e nomeou seu filho adotivo Eugênio de Beauharnais vice-rei da Itália. Além disso, o filho de Maria Luísa, segunda esposa de Napoleão, passou a chamar o pai de "rei de Roma". Esse desejo de Bonaparte pela unidade deve ter ficado como uma semente no espírito dos políticos, que excitariam as massas populares, as quais, todavia, nem sempre se deixavam influenciar.

Surgiram associações secretas como a Giovane Italia e outras de matriz maçônica, que se estranhavam pela unidade da península. O conde de Cavour, um apaixonado *fratello* maçônico, primeiro-ministro do reino piemontês, homem de grande intuição política e com total déficit de moralidade, viu a possibilidade de unir a Itália sob o cetro dos Saboia. Começou então a bajular Napoleão III, ajudando a França na Guerra da Crimeia, enviando o exército piemontês para combater ao lado das tropas francesas. Desse modo, criou uma vantagem política. Em seguida, ofereceu à França duas regiões tradicionais de Piemonte, a Saboia e o território de Nizza. A condição seria que, aliando-se à França em uma eventual guerra contra a Áustria, Piemonte receberia, no caso de uma vitória, a Lombardia e o Vêneto com suas respectivas capitais, Milão e Veneza.

Tudo isso se confirmou, segundo o plano de Cavour. A Giovane Italia começou a florescer, dominada por Mazzini e Cavour, o qual, querendo engrandecer Piemonte sempre mais, precisava de um aventureiro para movimentar as massas, de modo que ele e o rei de Piemonte ficassem nos bastidores.

Foi nesse momento que Garibaldi apareceu, já com o apoio da Giovane Italia, perambulando sem "trabalho" depois das aventuras americanas. Cavour e o rei o ajudariam, sempre às escondidas, com armas e muito dinheiro. Assim, Garibaldi adquiriu dois velhos navios com o aval do rei Vittorio Emanuele e de Cavour. Durante vários meses, Garibaldi juntou uma turma de mil aventureiros, os quais, vestidos de camisas vermelhas, encheram as embarcações. Estava pronto para o assalto à Sicília.

Tudo bem camuflado. Meses antes, o Reino das Duas Sicílias tinha sido secretamente invadido por agentes de Cavour, que começaram a corromper, com grandes somas de dinheiro, uma parte da alta oficialidade do Exército e da Marinha locais. O major corruptor foi o almirante piemontês Persano, que, em uma visita de "cortesia", trouxera em seu navio para Nápoles uma enorme quantia de dinheiro (conta-se que foi mais de um milhão de ducados) para ser distribuída aos comandantes como forma de suborno, com a finalidade "patriótica" de combater pela unidade da Itália, rompendo com o juramento prestado ao próprio rei e à própria consciência. Persano, vestindo trajes civis, encontrava-se nos cafés e nos bares da cidade com seus colegas da armada napolitana, onde os convencia com avultadas somas e com a promessa de boas promoções na "nova e grande Marinha italiana" (BUTTÀ, 2009).

Em duas cartas, o almirante Persano escreveu a Cavour: "[...] possiamo ormai far conto sulla maggior parte dell'officialità della regia marina napoletana. [...] Mi scrivono che se si tratta di venire sotto il mio comando son pronti quando che sia" (CAVOUR, 1949a, lett. 436); "Gli Stati Maggiori di questa marina si possono dire tutti nostri, pochissime essendo le eccezioni"[4] (CAVOUR, 1949b, lett. 553).

No Exército, a deslealdade foi ainda pior. As chamadas glórias dos piemonteses e de Garibaldi não corresponderam à realidade. As traições foram inúmeras, os traidores se escondendo atrás do discutível patriotismo da unificação da Itália. O terreno estava preparado com pérfidas atitudes, tudo feito na surdina, e

---

[4] "[...] agora podemos contar com a maior parte dos oficiais da Marinha napolitana. [...] Eles me escrevem que, se vierem a ficar sob meu comando, estarão prontos quando for necessário." "Pode-se dizer que o Estado Maior desta Marinha é todo nosso, sendo pouquíssimas as exceções."

assim aconteceu uma invasão mesquinha que infringiu todas as leis internacionais da ética e da honra militar. Era impossível que o exército borbônico, com mais de 100 mil homens e uma Marinha poderosa, fosse aniquilado pelos mil *lazzeroni* de Garibaldi, mesmo que ajudados pelos soldados disfarçados (sem o uniforme) dos piemonteses, que em numerosos pequenos grupos eram constantemente infiltrados. Os agentes de Garibaldi, financiados também pela maçonaria inglesa e por Cavour, começaram a fomentar uma revolução aparentemente espontânea, pagando subagentes em meio às populações da Sicília e da Calábria. Teve início a "gloriosa" guerra de Garibaldi e dos traidores.

O fim do Reino das Duas Sicílias

O fim do Reino das Duas Sicílias

No dia 5 de maio de 1860, as duas naus de Garibaldi com os mil aventureiros levantaram âncoras em Quarto, perto de Gênova, em direção à Sicília. Dona Januária, em 22 de março de 1859, já havia escrito ao irmão no Brasil alertando que "aqui na Itália não estamos quietos [...]. Eles já estão em Gênova recrutando a legião comandada por Garibaldi e Piveta para a guerra contra a Áustria" (DONA JANUÁRIA, 1860a).

Para despistar, Garibaldi tinha propagado o boato de um suposto combate contra a Áustria, pensando que assim não levantaria suspeitas em Nápoles. No dia 25 de julho de 1859, dona Januária comunicou a dom Pedro II que o papa tinha excomungado o rei Vittorio Emanuele por suas ações obscuras, sua vida pública e familiar imoral, suas ações contra os territórios do Estado Pontifício e – como seria possível ver futuramente – a cidade de Roma. A rainha das Duas Sicílias, uma princesa da Casa Saboia, foi declarada beata; e o rei da mesma estirpe, excomungado. Era uma ação inédita no seio da Igreja.

Dona Januária estava em Posillipo com a família, aguardando ansiosamente os acontecimentos. Atrás de uma "unificação da Itália", escondia-se uma verdadeira guerra comercial e econômica. Tanto a França como a Inglaterra estavam interessadas na queda da monarquia borbônica, por razões certamente não sentimentais e agindo por meio das manobras da maçonaria. Ambos os países estavam animados com a ideia de explorar as ricas jazidas de enxofre da Sicília, as quais o rei Ferdinando II sempre tinha protegido como parte das grandes riquezas de seu país. Constituíam uma notável renda para os investimentos que seu governo estava promovendo.

Em 11 de maio de 1860, Garibaldi desembarcou na Sicília, em Marsala. Duas naus borbônicas que estavam ali não reagiram, com a desculpa de que duas naus inglesas estariam no porto. Assim começou a primeira traição. É possível seguir parte do desenrolar da tomada do reino por algumas correspondências de dona Januária ao imperador do Brasil, todavia sem muitos detalhes. No começo da guerra, que assim pode ser chamada, dona Januária vivia ainda uma vida calma, sem a preocupação de que um dia tivesse que deixar sua habitação e perder a vida romântica que a cercava.

Os mercenários de camisa vermelha, após várias lutas locais, estavam avançando. Em Palermo, a primeira coisa que o "glorioso general da camisa vermelha" fez foi saquear o Banco de Sicília. Dentro de algumas semanas, estariam atravessando o estreito de Messina, avançando em direção a Nápoles. No percurso tinham saqueado as igrejas e os conventos. Em Nápoles, em um convento de jesuítas, velhos e aposentados, jogariam os pobres e indefesos padres na rua. Ao entrar em Nápoles, assaltaram o palácio do cardeal, ordenando-lhe que celebrasse um festivo *Te Deum* em honra de Garibaldi. O cardeal negou com desdém, e então o palácio episcopal foi saqueado. Somente diante da catedral com as relíquias de San Gennaro tiveram medo e não entraram. O povo também estava de guarda diante dos portões de ingresso. Uma vez instalado em Nápoles, Garibaldi agia como um super-rei, assinando decretos de expropriações, celebrando festins e gastando de mão aberta aquilo que ele roubara no Banco de Nápoles. Eram preocupantes os muitos fuzilamentos de camponeses indefesos que defendiam suas propriedades (CIANO, [*s. d.*a]).

As coisas estavam chegando a um ponto que Vittorio Emanuele e Cavour ficaram muito preocupados, pois sentiam que estavam perdendo as rédeas do "empreendimento". Isso é possível verificar na carta que o rei de Piemonte destinou ao primeiro-ministro Cavour:

> [...] *come avete visto, ho liquidato rapidamente la sgradevolissima faccenda Garibaldi, sebbene statene certo questo personaggio, non é affatto cosí docile né cosi onesto come lo si dipinge, e come voi stesso ritenete. Il suo talento militare é molto modesto, come prova l'affare di Capua e il male immenso che é stato commesso qui, ad esempio l'infame furto di tutto il denaro dell'erario, é da attribuirsi interamente a lui, che si é circondato di canaglie, ne ha*

seguito i cativi consigli e ha piombato questo infelice paese in una situazione spaventosa.[5] (CIANO, [*s. d.*a], p. 46)

Mas qual era a posição do conde d'Áquila nesse momento? Enquanto chefe da Armada das Duas Sicílias, não ficaram claros seus objetivos políticos. Ficou evidente, entretanto, que o motivo do leviano comportamento dos oficiais em esquivar-se das ordens recebidas tinha origem em sua irreflexão. Mesmo não sendo claras as razões de suas ações, não há dúvidas de que, ao desleixo de conde d'Áquilo, a Marinha ficou em um estado de letargia.

O intuito nesta obra é seguir somente pela margem desses acontecimentos, uma vez que eles mudaram a vida de nossa primeira princesa imperial. Dona Januária recebia informações que muitas vezes não coincidiam com as datas nem com a verdade. As notícias naquele tempo chegavam devagar, trazidas por mensageiros. Assim, sempre de Posillipo, ela comunicou:

> Aqui em Napoli [sic] estamos calmos, mas em Palermo houve uma grande revolução [...] que foi reprimida. A Sicília toda está em fogo. Diz-se que a Áustria e a Espanha estão protestando contra a invasão. A França, cinicamente, dizia que não era a favor dessa expedição, mas tinha nela envolvidos 7 vapores e 20 peças de artilharia. Garibaldi e os seus homens foram batidos pelas tropas de Nápoles perto de Marsala, e ele estaria em fuga nas montanhas. (CIANO, [*s. d.*a, p. 102)

Essa notícia não correspondia à realidade, pois, depois da revolução fomentada em Palermo, "iniciou uma dissertação de soldados

---

[5]   "[...] como você viu, eu rapidamente liquidei o assunto extremamente desagradável. Garibaldi, tenha certeza, esse personagem não é de maneira alguma tão dócil ou tão honesto quanto ele é retratado e como você mesmo acredita. Seu talento militar é muito modesto, como evidenciado pelo caso Cápua e o imenso mal que foi cometido aqui, como o roubo de todo o dinheiro do tesouro, que é inteiramente atribuível a ele, que se cercou de infames que o aconselharam a cometer tais crimes e colocar este país numa situação assustadora."

e oficiais, por causa da fuga dos generais comprados pelos piemonteses" (BUTTÀ, 2009, p. 23).

Semana a semana, as tropas invasoras avançavam, e a essa altura já havia ainda mais destacamentos piemonteses ajudando, vestindo também as camisas vermelhas do grande aventureiro. Em Nápoles, devia reinar o caos. Alexandre Dumas, que se uniu a Garibaldi, fala da situação e de quem realmente tinha o mando nas mãos:

> A "Camorra" é o único poder real ao qual Nápoles obedece. Ferdinando II, Francisco II, Garibaldi, Farini, Nigra, La Marmora, todos eles são o poder visível: o verdadeiro poder é aquele escondido, o da "Camorra"! Esta é uma organização criminosa fantástica, muito ampla e centralizada, vingativa e com o seu tribunal invisível. (DUMAS *apud* BENIGNO, 2013, p. 23)

Benigno (2013, p. 62) faz esclarecimentos importantes acerca dessa forma de organização, a "Camorra":

> Convém aqui aprofundar o significado dessa "organização", a qual ainda hoje tem as suas raízes profundamente fixadas naquele território e também no exterior. Em Nápoles, a "Setta", como chamavam a "Camorra", é antiga. Dizem que compareceu com a ocupação espanhola. Outros dizem que "Camorra" ou "Camorrista" provém de "morra", um jogo desonesto cheio de violência, logros, fraudes e atrocidades. Os camorristas, no entanto, trouxeram lucros dos jogos lícitos e naturalmente dos ilícitos também. Em Nápoles, o termo "camorrista" significa ladrão, usurário e vagabundo. O grande autor francês Alexande Dumas, já citado, que se uniu a Garibaldi, escreveu vários artigos sobre a "Camorra" e nos dá uma visão clara do camorrista e das suas práticas. Ele desenha a "Camorra" como uma associação secreta, onipotente e protegida erroneamente pelos Bourbon, como afirmavam os adeptos de Garibaldi. A Camorra de Dumas é uma

organização criminal fantástica, muito extensa, com amplas reuniões, com um governo próprio e uma legislação feita para eles, pervertedora e vingativa, com um tribunal invisível, o qual julga e condena sem apelação os estranhos e os próprios membros quando eles atraiçoam as "próprias leis".

O "camorrista" tende para sua maneira de agir. Normalmente, podia-se reconhecer já naquele tempo pela maneira de vestir. Casaco de veludo e gravatas em cores vivas. Nas suas observações, Dumas menciona que se reconhecem os camorristas mais abastados, sobretudo se têm objetos de valor, como vestidos finos, anéis nos dedos ou corrente de relógio de ouro.

"Camorra" é o nome em Nápoles, "Maffia" na Sicília e "Sacra corona unita" na Calábria. Variam um pouco as iniciações, que consistiam nos mais diferentes ritos. Para ser admitido entre os "camorristas" era necessário, como eles diziam, ser homem "honrado", antes de fazer um "noviciado" e aprender bem a usar a bengala e a faca, assim como a linguagem secreta deles. Assim que fossem julgados aptos, eles passavam para um grau mais alto, ou seja, o chamado "sgarra", e depois para uma espécie de "contabilista". O último obstáculo é um exame com a faca. Deverá ter ferido pelo menos três adversários e nunca ter recusado uma ordem. Os "camorristas", no caso de desobediência, são punidos com um corte na face com uma navalha. As reuniões se realizavam normalmente, ou nos subterrâneos, ou em cavernas, à luz de velas. A preservação dos segredos era a primeira regra. A "camorra", como a "maffia", para se financiar, obrigavam os comerciantes e industriais a pagar um resgate. Isso às vezes criava situações as mais perigosas. O punhal, muitas vezes, intervinha para "convencer" os mais hesitantes. Em Nápoles, já se dizia nos tempos dos Bourbon que os políticos e até mesmo, às vezes, os diplomatas usavam membros da "Setta" para obter os mais complicados segredos. Naturalmente, também os membros da família real de Nápoles estavam sendo muito controlados pela "Setta". Com relação ao conde d'Áquila, a "Setta" descobriu que o mesmo mantinha contatos secretos com o inimigo, o embaixador do Piemonte, o marquês de Villamarina.

Podemos imaginar como a situação era confusa e perigosa em Nápoles naquele tempo. Dona Januária dificilmente devia perceber aquilo que acontecia a seu redor. Contudo, a situação estava cada vez mais tensa. Dona Januária pediu a dom Pedro II que enviasse a corveta *Isabela*, que estava em Marselha, para protegê-la e aos filhos. Em 3 de junho de 1860, de Posillipo, ela escreveu: "A fortaleza de Castelnuovo, que é perto de Palermo, foi entregue ao almirante inglês para ser deixada a Garibaldi. Fala-se abertamente que os generais traíram o rei" (DONA JANUÁRIA, 1860b).

Em 24 de junho, a princesa enviou a última carta do Reino de Nápoles ao irmão: "O navio Veloce se entregou a Garibaldi por traição do comandante, mas boa parte da tripulação, pilotos e maquinistas se recusaram a trair a pátria, e, assim, Garibaldi os substituiu pelos marinheiros de um vapor Sardo" (DONA JANUÁRIA, 1860b).

De Torino, Cavour incansavelmente insistia com seus agentes secretos, chantageando-os com dinheiro para que conseguissem aumentar a revolução entre a população e angariar mais deserções entre os oficiais do Exército e da Marinha borbônica, aliciando um número maior de combatentes e vislumbrando a Itália unida e uma boa promoção na nova Marinha e no novo Exército a serem constituídos.

Não sabemos exatamente o dia em que dona Januária embarcou na corveta. Este foi fixado por ordem de Francisco II, pois, em virtude das maquinações secretas do conde d'Áquila, lhe ordenaram o exílio.

Michele Topa (1990) conta que estava claro que o conde d'Áquila, em uma exasperada tentativa, quis depor o rei e criar uma regência por ele presidida. Foi traído, e o fato foi comunicado a Francisco II, que, sem poder acreditar, deu uma gargalhada, dizendo: "O conde d'Áquila que aspire ao trono do Brasil" (p. 98). De qualquer maneira, na dúvida, Francisco II condenou-o ao exílio.

Não se sabe exatamente o que aconteceu de fato naquele período. Foram apreendidas pela alfândega borbônica caixas de armas e uniformes da Guarda Nacional destinadas a dom Luigi, o tio conspirador, o qual mantinha contatos secretos com ministros de Napoleão III. Completamente confuso e desesperado, conde d'Áquila se transformou, de repente, de conservador em um fervoroso liberal. Ele também havia indicado como primeiro-ministro Liborio Romano, que depois o traiu. Devia reinar uma situação de pânico total.

Francisco II, entretanto, estava aliviado de ter se livrado do tio. Tio esse que havia fracassado triplamente: como comandante da frota, como presidente do Conselho Naval e como governador da Sicília – este último cargo recebido ainda do irmão Ferdinando II.

Em 6 de setembro de 1860, às seis horas da tarde, Francisco II deixou Nápoles, embarcando na corveta *Messaggero* acompanhado da rainha Maria Sofia, de alguns ministros fiéis e membros do corpo diplomático. Os comandantes traidores dos navios *Ettore Fieramosca*, *Guiscardo* e *Ruggero* se recusaram a seguir o navio do rei. A maioria dos oficiais da Marinha de Nápoles já tinha passado para o lado do inimigo, por causa da ação traiçoeira de Persano, ordenada por Cavour. A cópia real se dirigiu para a fortaleza de Gaeta, situada no centro do promontório de mesmo nome.

Começava a grande e heroica resistência, que duraria vários meses. Quanto mais o tempo passava, mais evidente ficava que a invasão do Reino das Duas Sicílias tinha sido um dos mais tristes acontecimentos do século XIX, cheio de vergonhosas traições, em detrimento da população local, que passaria fome em uma séria e longa crise. O Reino das Duas Sicílias virou uma verdadeira colônia de Piemonte, que o espoliou completamente. O famoso almirante Persano, o grande corruptor, se tornou comandante supremo da frota do "novo reino da Itália", que tinha incorporado toda a frota das Duas Sicílias.

Quando Piemonte e Napoleão III, alguns anos depois, declararam guerra à Áustria, realizou-se a grande batalha naval de Lissa. Nessa ocasião, Persano, com sua poderosa frota, foi derrotado pela armada austríaca, sob o comando do almirante Tegethoff. Por esse clamoroso insucesso, Persano foi demitido pelo Senado italiano e teve que se retirar da vida pública.

O exílio

Nunca se soube de fato como foi e se realmente teria existido uma conspiração do conde d'Áquila contra o sobrinho, Francisco II. Dom Luigi devia estar desesperado vendo a conduta pacífica do sobrinho diante da desastrosa destruição do reino, percebendo que aquela seria uma catástrofe para o futuro da própria família. Sobre sua presumível conspiração no verão de 1860, não há evidências que possam acusá-lo.

Como o conde d'Áquila agiu nos meses que precederam o fim de sua dinastia não é claro. Foi também por conta de seu comportamento que oficiais da Marinha napolitana não reagiram? Ao contrário do irmão, o conde de Siracusa, que defendia a anexação das Duas Sicílias a Piemonte, conde d'Áquila era propenso a um reino liberal sob sua regência (ZAZO, 1936).

Leopoldo de Bourbon-Duas Sicílias (1813-1860), o conde de Siracusa, era casado com a princesa Maria Vitória de Saboia-Carignano (1814-1874), irmã do príncipe Eugênio de Saboia-Carignano, o qual, a seu tempo, tinha pedido a mão de dona Januária. Pelo laço matrimonial, o príncipe de Siracusa sempre tinha tido uma simpatia por Piemonte. Os dois irmãos estavam se enfrentando. Eugênio de Saboia-Carignano viria a ser, por certo período, governador de Nápoles. Tudo isso são curiosas coincidências.

Nunca os Bourbon teriam imaginado, depois de 140 anos de reinado, com uma interrupção no período napoleônico, que esse seria, para eles, o fim de uma época.

Em vista da situação caótica, como já sinalizado, dona Januária pediu a dom Pedro II o envio de uma embarcação, a fim de que ela pudesse se dirigir com os filhos a um lugar seguro. Em Marselha estava ancorada a corveta *Isabel*, e esta recebeu ordem de recolher a princesa e a família.

Dona Januária estava a salvo, e a bordo da corveta escreveu a dom Pedro II, o qual, sem dúvida, devia andar preocupado com as notícias que chegavam do velho continente. Naturalmente, a versão da princesa difere de outras notícias sobre os acontecimentos, mas é sempre útil ouvir todas as fontes:

> Tu hás de saber que o Luiz muito se ocupou para que vigorasse aqui a Constituição e as reformas para salvar o rei e a família desta horrível corrente que é anexação ao Piemonte, porque ele tem amor à pátria. No dia 12, Luiz, percebendo que o país ia numa perfeita anarquia, foi ao Conselho e falou duramente ao rei [...]. No dia seguinte, às 6 horas da tarde. veio-lhe a ordem de exílio para Londres. (DONA JANUÁRIA, 1860b)

Nos meios borbônicos, fiéis ao rei, conde d'Áquila é considerado um dos grandes traidores. Dona Januária seguramente não estava a par das eventuais verdadeiras maquinações do marido.

Na corveta brasileira *Isabel*, comandada pelo capitão Bento José de Carvalho, viajaram também o conde e a condessa de Santo Amaro, que da maneira mais encantadora assistiram dona Januária e os filhos quando estes precisaram.

Mas deixemos de lado as notícias sobre o decurso da invasão dos piemonteses no reino borbônico, as quais exigiriam diversos capítulos para serem contadas. Por uma questão de justiça, todavia, mencionemos novamente que o rei Francisco II e a rainha haviam se retirado para a fortaleza de Gaeta, onde resistiram heroicamente durante vários meses aos bombardeios incessantes, vindos do mar ou da terra. Foi uma resistência notável! Conseguiram, outrossim, afundar diversos navios de guerra franceses enviados pelo "amigo" Napoleão, o qual, àquela altura, já tinha deixado a máscara cair.

O povo napolitano se sentiu saqueado e tratado como em um domínio colonial. Por esse motivo, muitos emigraram para o Brasil, a Argentina e os Estados Unidos. Até hoje se percebe como, em comparação à região norte, o sul da Itália foi abandonado. A frota borbônica foi incorporada à piemontesa, o caixa do Estado foi saqueado, os palácios borbônicos foram depredados e todos os bens particulares dos membros da Casa Real foram confiscados.

A despeito de terem seguido para Londres, os Áquila desembarcaram em Marselha e optaram por permanecer em Paris, onde

O exílio

Conde d'Áquila em Paris. Fotógrafo desconhecido (Coleção Dom Carlos).

se instalaram na Avenue de l'Impératrice, 5. Napoleão III não criou qualquer dificuldade e falsamente os declarou muito bem-vindos.

Dona Januária preferiu a capital francesa pelo clima, pois se queixava de muitas dores reumáticas. O conde d'Áquila teve que se defender, pois até os piemonteses o acusaram de traidor do sobrinho e de ter combinado várias deslealdades com a maçonaria, aconselhando seus oficiais a se renderem. Foi uma campanha difamatória de Piemonte contra todos os membros da Casa Real das Duas Sicílias.

A realidade não tinha sido esclarecida completamente, mas com o passar dos anos tornou-se mais evidente. Dona Januária padecia muito com todas essas acusações – ela já devia conhecer bem o marido, que decerto não nascera para ser oficial de Marinha. Embora tenha sido educado militarmente, dom Luigi tinha outra vocação. Ele não tinha nem uma pálida ideia das dificuldades enfrentadas cotidianamente por um cidadão comum, e, de repente, findou-se sua fase dourada, tendo início a dura existência como exilado. Para continuar mantendo o padrão de vida ao qual estava acostumado, ele dilapidaria rapidamente o pouco que conseguira salvar.

Dona Januária acompanhou pelos jornais as notícias vindas do Brasil. "Me faz pena ler nos jornais que o Brasil tenha reconhecido o rei da Itália", lamuriava-se (DONA JANUÁRIA, 1863). Não se sabe a reação do imperador a respeito da posição política da irmã, mas, entre outros assuntos, ele deve ter feito ressalvas quanto ao precário uso da língua portuguesa nas cartas de dona Januária, que respondeu imediatamente:

[...] Tu me dizes que me esqueço de escrever na nossa língua. Isto não é difícil porque pouco falo o português e também tu me dizes que os meus livros ficaram todos em Nápoles. Faço tudo quanto está em meu poder para não me esquecer que sou e sempre serei brasileira. A língua de minha pátria eu não quero esquecer, nem a esquecerei. (DONA JANUÁRIA, 1863)

O exílio

Dona Januária em Paris. Fotografia de Desideri (Coleção Dom Carlos).

Um visitante amigo

Um visitante amigo

Para dona Januária, receber visitas era sempre uma grande satisfação e do maior interesse, sobretudo quando se tratava de brasileiros. Nesse caso, a visita era o visconde de Itaúna, Candido Borges Monteiro, ex-presidente da Província de São Paulo e ex-ministro de Estado, em visita por Paris em 1871. Monteiro foi o renomado médico que assistiu dona Leopoldina de Bragança, duquesa de Saxe, em todos os partos. Dom Pedro II o fez acompanhar a filha e a família à Europa. Depois de uma estada de três anos em Viena, Luís Augusto de Saxe-Coburgo-Gota, o duque de Saxe, proporcionou uma viagem pela Alemanha ao médico, recomendando-lhe que não deixasse de conhecer a "Cidade Luz".

Da capital francesa, o visconde de Itaúna se dirigiu ao monarca em uma longa missiva:

No dia imediato ao de minha chegada, apesar da chuva, procurei imediatamente o palácio de S. A., o sr. príncipe conde d'Áquila, que fica localizado na *Avenue de L'Impératrice*. Ali chegando, entreguei o meu cartão ao guarda do portão (era um homem todo arrumado, da cabeça aos pés, trajando calças e meia de seda branca), esperei um momento e recebi logo a ordem para entrar. Fui conduzido a uma pequena sala, e desta, a outra um pouco maior, e finalmente a um salão cuja riqueza e magnificência não conseguirei descrever. A princesa dona Januária não me fez esperar nem um minuto. Oh! Não me recordo de ter tido em minha vida emoção mais profunda e arrebatadora! Eu me via diante, depois de tantos anos, da princesa brasileira que ainda tão moça vi tantas vezes em minha pátria. E esta princesa era a irmã do imperador, e em seu coração havia necessariamente de imperar a mesma saudade que trucidava o meu, e... Não foi preciso senão um instante para que S. A. demonstrasse evidentemente que eu tinha razão. S. A., ao entrar no salão, dirigiu-se a mim com visível agitação. Beijei-lhe a mão, e ela me disse imediatamente, *venha para cá, assente-se aqui perto de mim, porque sei que o senhor é amigo de nossa família e que ela lhe estima. Diga-me como está o mano Pedro, o retrato dele depois que veio do sul me diz que está magro, e que tem envelhecido. Coitado!...* E estas palavras, Meu senhor, foram quase imperceptíveis, porque o pranto cobriu os lábios de S. A. E o pranto lançou igualmente um denso véu diante de meus olhos. Não pude responder à S. A. Imediatamente, e, quando novamente senhor de mim, respondi como pude a todas as Suas perguntas, notando que S. A. teve a bondade de dizer-me que ia chamar S. A., o conde d'Áquila, e com efeito, um instante depois, tive a honra de dirigir-lhe a palavra. O sr. conde d'Áquila conversou muito tempo, e confesso que gostei de ouvi-lo, apreciando seus raciocínios acerca do panorama político da Europa e das consequências prováveis desta situação. A propósito, traçou ele um paralelo entre alguns soberanos da Europa e, voltando-se logo para o governo do Brasil, disse-me: "O imperador é o verdadeiro Soberano Constitucional que eu conheço, e, ainda ultimamente indo ao sul, provou mais uma vez que está marchando com seu país e que é o primeiro defensor da independência e da dignidade da nação". Por esta ocasião, disse eu à S.A.: "Mas, meu senhor, S. M. o imperador às vezes arrisca-se demais, porque sacrifica sua saúde e mesmo a vida". A conversação ainda demorou. (BRAGANÇA, 2004; 2005; 2006)

O visconde de Itaúna se despediu, emocionado. O conde o acompanhou até a última sala.

Nota-se que o visconde não mencionou os filhos do casal. Estes deram muitas preocupações não somente aos pais, mas também aos imperadores. O mais velho, dom Luís, foi enviado aos Estados Unidos, não se sabe com que finalidade, e acabou se casando em Nova York com Maria Bellow-Hamel, dando um grande desgosto à família, uma vez que, por causa desse matrimônio, foi excluído da Casa de Bourbon. Mais tarde, quem receberia o título seriam a esposa e os herdeiros de conde de Roccaguglielma. Deixou uma numerosa descendência. O segundo filho, dom Philippe, foi enviado ao Brasil e entrou na Escola do Exército. Criou numerosos problemas ao imperador e voltou para a Europa.

Um visitante amigo

Dom Luís, filho de conde d'Áquila e dona Januária. Fotógrafo desconhecido (Coleção Dom Carlos).

Curioso é o comentário da princesa dona Isabel sobre esse primo em uma carta enviada à irmã, dona Leopoldina. Parece que dom Philippe estava procurando uma noiva de alta linhagem, e, em sua lista de pretendentes, estava a princesa Amélie, irmã do duque de Saxe. Este é o juízo impiedoso da redentora:

São Cristóvão, 4 de fevereiro de 1870,
[...] Philippe foi a Petrópolis. Ele não está aclimatado, sofre com o calor do Rio, onde se padece de febre amarela. Creio que ele voltará para a Europa em março e é provável que procure casar-se bem, que se diga. *"Une femme à que quoi [sic] cela serf?"*[6] Vou-lhe dizer uma coisa, e é pelo interesse que trago por Amélie, de quem gosto tanto, você o sabe bem. Deus lhe livre de propor-lhe Philippe por marido. Se o tivessem melhor preparado poderia ter sido bom rapaz, mas o seu caráter está degenerado. Seu maior defeito, aos meus olhos, é não ser religioso – ele mesmo diz que não acredita em nada, que Paris o deixou assim. Deveria antes dizer àqueles com quem convive, e é indiferente a quase tudo, exceto às caçadas e cavalos. É muitíssimo "blagueur",[7] digo-lhe isso, minha queridinha, porque, se ele aparecer por lá com pretensões, você saiba o que não se pode saber em dias. Para nós, ele tem sido muito bonzinho e tenho muita pena que ele seja assim. Nada lhe fala em favor [...]. (DONA ISABEL, 1870)

No mês seguinte, ela reforça a dose:

Philippe deve voltar de Petrópolis no dia 10 e assentar praça e, no dia 15, parte para o sul como cadete. Ainda hei de ver para crer, pois ele é muito indeciso. Deus queira que ele possa servir a ser alguma coisa. (DONA ISABEL, 1870)

---

[6] "Uma mulher, para que serve?"
[7] Brincalhão, em francês.

Um visitante amigo

Dom Philippe de Bourbon, segundo filho dos Áquila. Fotógrafo deconhecido (Coleção Dom Carlos).

Pelo contrato matrimonial de dona Januária, seus filhos seriam príncipes da Casa Imperial, recebendo, inclusive, um contributo anual por meio da Mordomia da Casa Imperial. O fato de estarem na linha da sucessão certamente não encantava a condessa d'Eu, muito sensível a tal acontecimento, pois os filhos de dona Leopoldina também estavam nas mesmas condições, com o agravante de que estes haviam nascido e sido educados no Brasil.

Philippe de Bourbon das Duas Sicílias casou-se em Londres, em 1882, com Flora Boonen, mas não deixou descendentes.

Poucos anos após terem recebido a visita do visconde Itaúna em Paris, os Áquila transferiram-se para Londres, onde, em 1872, finalmente aconteceu o encontro, certamente comovedor, entre dom Pedro II, dona Teresa Cristina e dona Francisca, depois de trinta anos. O imperador e a imperatriz ainda tiveram a chance de encontrar os Áquila outras vezes, tendo sido um desses encontros em Baden-Baden, em 1876, durante vários dias (BRAGANÇA, 2014).

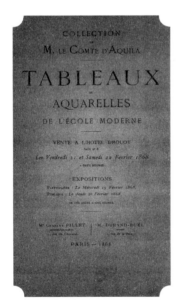

Capa do catálogo do leilão da coleção das aquarelas do conde d'Áquila realizado em Paris nos dias 21 e 22 de fevereiro de 1868 (Coleção Dom Carlos).

Um visitante amigo

Menu de um banquete na casa dos Áquila no dia 2 de julho de 1867, em Paris (Coleção Dom Carlos).

Os últimos dias

Dona Januária sofreu a vida toda pela saudade que sentia do Brasil. Ela nunca gostou do clima da Europa, sobretudo da França e da Inglaterra. Queixava-se constantemente de dores reumáticas. Na carta que a condessa de Barral escreveu em 20 de dezembro de 1888 a dom Pedro II, encontramos um testemunho:

> Lá se vai este ano, que tanto nos fez sofrer, meu senhor, mas que também muito gosto nos deu vendo V.M. se restabelecer de sua grande moléstia. Agora trate de conservar-se por longos anos e entre com o pé direito no 1889! Sua pobre mana d. Januária está de cama há 6 semanas tomada de reumatismo nos braços, nas pernas e sem poder-se mover! Tenho muita pena dela. (BARRAL, 1977, p. 295)

Infelizmente, o augúrio de entrar com o pé direito no ano de 1889 não se concretizou. Foi um ano triste não somente para o imperador, que sentiu a ingratidão de muitos que o bajulavam, mas também para o Brasil, que entrou em uma espiral descendente de descrédito internacional e em um desregramento cada vez maior na política interna.

As dificuldades de ordem econômica se acentuaram cada vez mais para os Áquila, não somente por causa da inabilidade de administrar o pouco que lhes tinha restado depois do exílio, mas também porque eles haviam sido espoliados de tudo. Os piemonteses, guiados pelos Saboia, foram impiedosos não somente com os membros da Casa Real, estreitamente aparentada deles, mas também com a Igreja Católica. A mudança que o casal Áquila teve que empreender para Londres foi, portanto, desencadeada pelas grandes dificuldades financeiras e pela Guerra Franco-Prussiana, que causou a queda do imperador Napoleão III e a consequente ocupação de Paris.

Em 21 de fevereiro de 1868, o conde d'Áquila já tinha sido obrigado a se desfazer, com muita pena, de sua coleção de quadros e aquarelas para a famosa casa de leiões Drouot, em Paris. Na capital do Reino Unido, o casal foi atacado por credores e teve que fazer um empréstimo de 14 mil libras esterlinas na embaixada do Brasil para pagar as dívidas mais urgentes. A concessão foi autorizada pelo então ministro João Pereira de Andrade, e como garantia foram oferecidos objetos de arte e móveis de estimação da residência em Holland Park, n° 17. Talvez o conde d'Áquila pensou, ingenuamente, que eles ainda poderiam receber certos fundos do dote da princesa dona Januária e liquidar a dívida. Como essa importância era do caixa da embaixada, isso causou certo problema, com uma repercussão desfavorável no Brasil.

O barão de Penedo foi o sucessor como ministro do Brasil em Londres e teve que processar conde d'Áquila, vendendo seus pertences em um leilão público. O conde conseguiu pagar todas as suas dívidas, satisfazendo a embaixada e os demais credores.

O marido de dona Januária foi completamente espoliado de seus bens imóveis, inclusive do Morgado, que rendia 60 mil cruzados por ano, e de uma importante soma em títulos da dívida pública pelos invasores. Ele sempre esperou receber uma indenização do governo italiano e uma pensão como oficial da Marinha. Dom Luigi foi ingênuo, pois nada disso aconteceu, e a venda dos quadros que ele havia pintado decerto já tinha saturado o mercado. Voltaram para a França, passando a viver em estado de grande penúria.

Provavelmente por sua inexperiência e leviandade, dom Luigi ficou envolvido com dívidas e o sequestro de bens, o que foi bastante divulgado e repercutiu negativamente. Dona Januária não merecia tal angústia. Conde d'Áquila morreu em Paris em 1897.

Com a morte do marido, dona Januária foi para o sul da França, passando a morar com o filho dom Philippe. A princesa dona Januária sobreviveu à queda do Império e a todos os irmãos, levando um fim de vida pobre, mas digno, falecendo em Nice em 13 de março de 1901. No Brasil, dona Januária dá nome a três cidades, mas é esquecida pela maior parte de seus compatriotas. A bondosa primeira *princesa imperial do Brasil* está sepultada em uma modestíssima tumba no cemitério Père-Lachaise, em Paris, onde

Última fotografia do conde d'Áquila, em Roma, 1883.
Crédito: Irmãos d'Alessandri, Roma, 1883.

o musgo encobre a inscrição da lápide. Nota-se um triste e total abandono.

Encontrando seu jazigo depois de longa sindicância, eu me lembrei, com emoção, das palavras que ela escreveu ao querido mano: "Sou e sempre serei brasileira".

Lápide do túmulo dos Áquila no cemitério do Père-Lachaise, em Paris.

Posfácio

Posfácio

A crônica do Arquivo Borbônico

Escrever sobre arquivos é sempre uma empreitada difícil, sobretudo para quem não é arquivista. Peço, portanto, aos amáveis leitores que não aguardem um desfile de fascículos, dossiês, pastas e documentos.

Desejo, antes de mais nada, apresentar os detentores do arquivo em questão, fazendo uma introdução que possa posicionar, do ponto de vista histórico, o presente texto. Será somente um tênue fio que nos levará do momento da passagem do vice-reinado espanhol e da ocupação austríaca ao Reino das Duas Sicílias até seu desaparecimento.

É preciso omitir, por falta de espaço, muitíssimos acontecimentos políticos importantes desse período a fim de seguir exclusivamente a continuidade da Família Real e a preservação dessa valiosa documentação.

O dia 10 de maio de 1734 foi uma data importante para Nápoles. Nesse dia, foram concluídos 27 anos de ocupação da Áustria, que foram precedidos por dois séculos de vice-reinado espanhol. Essa data mudou o destino do Reino das Duas Sicílias, e Nápoles voltava a ser uma capital. Era um reino autônomo e independente, apesar da tutela de Madri.

O novo rei era Carlos, filho de Philippe V da Espanha e de Elisabetta Farnese. Tinha apenas 18 anos e foi originalmente duque de Parma e Piacenza. O jovem Carlos encontrou um reino saqueado e em grande desordem, mas ele se jogou de corpo e alma na tarefa de saneamento do Estado. Casou-se aos 22 anos com Maria Amália, filha do rei da Saxônia, que tinha, no momento da assinatura do contrato matrimonial, 14 anos. Tiveram treze filhos.

Carlos trouxe para Nápoles um precioso arquivo, repleto de valiosos pergaminhos, todas as coleções e tesouros artísticos herdados dos Farnese, e começou as construções mais imponentes que ainda hoje enfeitam o ex-reino.

Podemos mencionar L'Albergo dei Poveri, onde centenas de deserdados encontraram abrigo, assim como os palácios de Portici e Capodimonte. Carlos foi um bom rei e, com a morte do meio--irmão Ferdinando VI, foi chamado para reinar na Espanha com o nome de Carlos III. Sua aventura napolitana acabou depois de vinte anos, em 6 de outubro de 1759, com sua abdicação e a investidura do herdeiro. Foi um homem justo e honesto.

Antes de embarcar para seu novo destino, Carlos entregou aos ministros as joias da Coroa e tirou do dedo um anel encontrado nas escavações de Pompeia, dizendo: "Este também pertence ao Estado".

O herdeiro era Ferdinando IV, um menino de 8 anos. Foi entregue a uma regência de oito membros, que deveria cuidar de sua educação física, intelectual e moral, sob a égide de Bernardo Tanucci. Este segurou firmemente as rédeas do governo e, com a maioridade de Ferdinando, o Conselho da Regência foi transformado em Conselho do Estado.

Com a desculpa das muitas ocupações, Tanucci não cuidou minimamente da educação do jovem monarca. O tutor do príncipe Di Sannicandro, o jovem rei, se preocupava somente que ele tivesse boa saúde, que estivesse o máximo possível ao ar livre e se dedicasse às caçadas e à pesca.

William Hamilton, embaixador inglês, relatava para Londres que o jovem rei não tinha professores capazes nem tutores que lhe inspirassem ideias dignas de sua posição. Crescia na ignorância, falando o dialeto napolitano, que quase virou a língua da Corte, o que o tornou muito amado pelo povo. Ferdinando IV se casou com Maria Carolina, filha da imperatriz Maria Teresa da Áustria. Essa foi sua sorte, pois ela assumiu o controle da situação e influenciou abertamente as decisões do rei. Napoleão costumava dizer que Maria Carolina era o único homem na Casa dos Bourbon.

Anos difíceis estavam reservados a Nápoles e ao reino. Seria demasiadamente longo mencionar os acontecimentos que Ferdinando e Maria Carolina tiveram que suportar. O casal teve que deixar Nápoles e se exilar na Sicília por volta de 1799. Criou-se, então, o Reino da Sicília, e o rei assumiu o nome Ferdinando III.

O estabelecimento de Murat como rei napoleônico de Nápoles de 1806 a 1815 foi também um triste acontecimento. Murat, todavia, praticou muitas reformas administrativas e sociais.[8]

Por fim, o Congresso de Viena entregou novamente o reino a Ferdinando, que, então, foi rei de Nápoles como Ferdinando IV, da Sicília como Ferdinando III e das Duas Sicílias como Ferdinando I. A *vox populi* em Nápoles murmurava: *"Fosti quarto, fosti terzo, ori t'intitoli primeiro. Se continui nello scherzo, finirai per esser zero"*.[9] Os sicilianos se divertiam menos, pois essa mudança significava para eles a perda da autonomia da ilha.

Ferdinando I teve um longo reinado e entrou na história, por sua saliência nasal, tendo como apelido "Re Nasone". Faleceu em 1825, poucos dias após uma de suas caçadas. O herdeiro, Francisco I, já estava se aproximando de meio século de vida e era pai de uma numerosa família. Foi casado duas vezes. A primeira vez com a sobrinha da mãe, a arquiduquesa Maria Clementina, que foi o grande amor de sua vida e também venerada pelo povo napolitano. A segunda mulher foi Maria Isabel da Espanha, sobrinha de seu pai.

Francisco I foi um hábil negociador com a Áustria e as demais grandes potências. Era conservador, mas seu reinado durou somente cinco anos. Francisco I e Maria Isabel são os pais de nossa imperatriz dona Teresa Cristina e do conde d'Áquila, esposo da princesa dona Januária.

Antes de entrar no argumento principal deste posfácio, precisamos acabar com a relação dos reis, que deixaram e aumentaram

---

[8] Murat foi instituído rei de Nápoles provisoriamente por Napoleão até 1815. Posteriormente, foi condenado à morte, e os Bourbon voltaram ao poder mediante a designação do Congresso de Viena, conferência entre embaixadores de grandes potências europeias ocorrida entre setembro de 1814 e junho de 1815, cuja intenção era redesenhar o mapa político do continente após a derrota da França napoleônica na primavera anterior.

[9] "Você foi o quarto, você foi o terceiro, você foi o primeiro. Se continuar na brincadeira, vai acabar sendo o número zero."

consideravelmente esse patrimônio histórico – o Arquivo Borbônico –, verdadeira fonte para a história europeia da época e também, marginalmente, para a história de nossa dinastia. A sorte quis que a preciosa documentação fosse conservada com desvelo, mesmo durante as ocupações francesa e austríaca.

O sucessor de Francisco I foi seu filho mais velho, Ferdinando II. Este foi, sem dúvidas, o membro mais capaz e esclarecido da dinastia borbônica de Nápoles. Deixou um país rico, avançado e respeitado.

O primeiro trem da Itália se deve a seu governo, assim como o primeiro selo postal, a primeira companhia de navegação a vapor e o primeiro telégrafo elétrico. Houve muitas outras inovações, como casas para a população mais pobre, hospitais e escolas. A administração foi ordenada, assim como o Arquivo Real, detentor dos preciosos documentos relativos ao reino, à Espanha, ao Vaticano, a Portugal, à Inglaterra e aos Estados italianos da época. Ferdinando II reorganizou a Marinha, que chegou a ser uma das mais bem avaliadas da Europa. Por meio do Exército, manteve, com mão de ferro, a ordem, não admitindo ressurreições inspiradas pelos carbonários de Mazzini. Isso lhe valeu o apelido "Re Bomba".

Casou-se duas vezes. A primeira mulher foi Maria Cristina de Saboia, que lhe deu o herdeiro, e a segunda foi a arquiduquesa Maria Teresa. Seu longo reinado foi dos mais profícuos. Por ocasião de sua morte, em 1859, o filho Francisco II teve que enfrentar as invasões de Garibaldi e Vittorio Emanuele de Saboia, o rei de Piemonte. Certamente, Francisco II ainda não estava preparado para uma incursão dessa espécie, feita sob o pretexto da unificação da Itália e apoiada sorrateiramente por Napoleão III.

Após sérios combates, apesar dos piemonteses terem vergonhosamente corrompido muitos oficiais borbônicos, Francisco II teve que se retirar com a mulher, a rainha Maria Sofia da Baviera, irmã da imperatriz Elisabeta da Áustria, para a fortaleza de Gaeta. O rei entregou Nápoles com medo de causar muitas mortes entre a população civil. Isso trouxe benefícios, tendo sido possível salvar muitas obras de arte preciosas e o arquivo. O Cerco de Gaeta durou vários meses, com tiros de canhão dia e noite. Com notável heroísmo, o rei e a rainha se mantiveram entre as tropas.

Foi necessário realizar essa longa introdução histórico-genealógica dos proprietários do arquivo a fim de mostrar, inclusive, a preservação dele ao longo dos trágicos acontecimentos daqueles tempos.

A natureza complexa do arquivo é estritamente ligada ao desenvolvimento do Estado borbônico, à sua estrutura administrativa e aos seus contatos diplomáticos.

No primeiro período borbônico, de 1734 a 1806, a evolução política, social e administrativa é caracterizada pelas reformas. A única secretaria (ou ministério) existente naquele tempo era a Secretaria da Casa Real. Até então, a administração e a justiça eram conduzidas – podemos dizer ditatorialmente – por Bernardo Tanucci.

Em seguida, realizou-se uma ampliação dos encargos denominados "Affari di Stato", que compreendiam os assuntos eclesiásticos, de guerra, da Marinha e da administração geral. Seguiram-se os secretariados do Exterior, Graça e Justiça, da Polícia e da "Azienda Generale Jesuítica", denominação administrativa usada pelo governo de Nápoles para cuidar da administração das propriedades sequestradas dos jesuítas.

Os dez anos de gestão francesa marcaram uma transformação radical na administração e um agravamento na economia.

O segundo período borbônico naturalmente é caracterizado por uma reelaboração e, às vezes, uma supressão das estruturas administrativas introduzidas por Murat. O dinâmico rei Ferdinando II havia conseguido saldar completamente o débito público, sem deixar de lado novos investimentos e a modernização do país.

O arquivo da Casa Real é um reflexo de todos os atos públicos e da transformação do país. Muito ampla é a correspondência pessoal, diplomática e familiar com as casas reais portuguesa, espanhola e com as demais dinastias europeias. Certidões, diplomas, decretos, tratados diplomáticos – não somente do Congresso de Viena – formam um conjunto imponente.

Como em qualquer instituição, não existem somente os momentos felizes, havendo também as trágicas perdas. Durante um bombardeio e consequente incêndio em 1943, perderam-se 791 importantes pastas do arquivo administrativo e de outros do Arquivo Real. Parte do arquivo administrativo havia sido transferida para uma localidade perto de Nola, na Itália, onde, todavia, uma fração foi incendiada pelas tropas alemãs que estavam se retirando. Foi perdida uma parcela do arquivo da chamada "Secretaria Antiga".

A odisseia e a fortuna do arquivo começou em 1860, quando Francisco II levou consigo setenta enormes caixas da parte mais importante para Gaeta e, em seguida, para Roma, onde foi acolhida por Pio IX. Os Bourbon de Nápoles possuíam na "Cidade Eterna" o magnífico Palácio Farnese, hoje embaixada da França. Lá, eles e o arquivo conseguiram um abrigo seguro. De Roma, Francisco II fez tentativas para recuperar a Coroa, apelando às grandes potências, inclusive com o apoio de Pio IX, grande amigo da família. Tudo isso se revelou em vão.

Antes da tomada de Roma pelos piemonteses, essa preciosa documentação, que incluía os famosos pergaminhos do tempo dos Farnese, foi encaminhada para a Alemanha. As tropas dos Saboia já estavam ameaçando o papado e, a essa altura, Francisco II achou prudente transferir seus poucos pertences e o arquivo para Munique. Na Baviera, na terra da rainha, estaria seguro.

O arquivo foi instalado em Munique, em uma casa na Blütenstrasse, e arrumado em 44 armários. Francisco II faleceu na então Áustria, na localidade de Arco, perto do lago de Garda, em 1894.

Em Nápoles, os Saboia não somente se apoderaram da famosa pinacoteca que os Bourbon haviam herdado dos Farnese, mas também dos objetos particulares da família. Da mesma forma, as propriedades imobiliárias foram expropriadas, sem qualquer indenização. O país sofreu um verdadeiro saqueamento e foi tratado como uma colônia.

Os Bourbon ficaram pobres, e é comovente ver como quiseram levar em primeiro lugar suas cartas, seus documentos – podemos dizer, a própria história.

Francisco II pode ter sido pouco hábil em conduzir seu governo, mas foi de uma retidão e honorabilidade absolutas. Seu sucessor dinástico foi seu meio-irmão, o conde de Caserta, pois não teve filhos.

Em 1939, o então diretor do Arquivo de Nápoles, o conde Filangieri, teve notícia da existência dessa importante documentação. Ele estabeleceu contato com o chefe da Casa Real, o duque de Calábria, pois o Estado italiano era desejoso de adquirir esse precioso acervo.

Sobreveio a Segunda Guerra Mundial, enquanto as tratativas ainda estavam em curso. O duque de Calábria decidiu, por precaução, transferir o tombo, que durante oitenta anos esteve fechado nos velhos armários em Munique, para o interior do Castelo de Hohenschwangau, de propriedade da Casa da Baviera. A mudança estava quase na fase final quando as bombas destruíram o local onde ainda restava um quarto do acervo.

Em 1946, o novo governo italiano enviou Filangieri outra vez para examinar a consistência da parte preservada e para fazer um inventário. Após longas tratativas, em 7 de agosto de 1953, o arquivo voltava a Napóles depois de 93 anos.

A história desse arquivo foi movimentada, tendo o acervo sofrido durante as invasões e sido ferido cruelmente pela guerra. O governo italiano, todavia, mesmo não sendo demasiadamente generoso com a manutenção de arquivos em geral, providenciou uma meticulosa reorganização do Arquivo Borbônico, que hoje é distribuído em 39 departamentos, divididos em 1.818 seções.

Grande relevo tem o departamento que guia o Arquivo Farnese, compreendendo a Idade Média. Encontram-se na parte relativa ao século XIX a administração da Casa Real, a Marinha, o importante setor diplomático com os tratados internacionais e o setor das embaixadas e legações. Os comandos militares e a estruturação do

Exército e da polícia ocupam uma parte relevante. Importante seção é relativa à Santa Sé e à administração dos bens eclesiásticos.

Um setor do maior interesse é o chamado Arquivo Pessoal de Ferdinando II, em Nápoles, o qual manteve uma imponente correspondência com os ministros e com os membros da família (com esta, a correspondência era, em parte, cifrada). A vasta relação dos vários membros da família com membros de outras dinastias também é significativa. Muitas são as missivas, como as de dom João VI, de dona Carlota Joaquina e do infante dom Sebastião de Bourbon e Bragança.

É possível encontrar dezenas e dezenas de contratos matrimoniais e dotais, inclusive os de dom Pedro II com dona Teresa Cristina. Numerosas são as cartas de dona Teresa Cristina aos irmãos, sobretudo ao rei Ferdinando II, mas com um valor histórico relativo, pois há também missivas de felicitações quanto aos aniversários ou outras festas familiares. Nota-se que a imperatriz era muito cautelosa em sua correspondência, havendo muitas cartas cifradas dirigidas aos representantes diplomáticos do Reino das Duas Sicílias no Brasil. Infelizmente, ainda falta a "chave" para a leitura.

Outro departamento conserva a documentação das escavações de Herculano e Pompeia, iniciadas já sob o reino borbônico.

O arquivo está instalado em um antigo convento, e, como em qualquer tombo, o espaço é extremamente reduzido, mas com um ambiente dos mais sugestivos. O Arquivo Borbônico de Nápoles é hoje um dos mais preciosos da Europa, apesar das graves avarias sofridas. A parte do acervo relativa ao Brasil necessitaria de um exame ainda mais profundo e de uma minuciosa catalogação.

De qualquer modo, fica evidente o valor do Arquivo Borbônico de Nápoles para a história europeia em geral e também para a do Brasil.

Posfácio

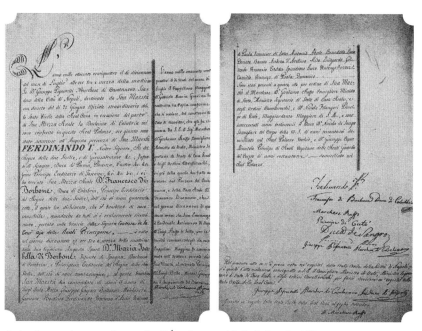

Auto do nascimento do conde d'Áquila, em 19 de julho de 1824
(Arquivo da Casa Real de Nápoles, nº 65).

"Insigne Ordine di San Gennaro", ou Ilustre Ordem Real de São Januário, foi uma ordem de cavalaria do extinto Reino das Duas Sicílias, fundada pela Casa de Bourbon em 1738. Arte Tipografica, Nápoles.

Referências

Arquivos consultados

Arquivo Borbônico de Nápoles
Arquivo Histórico do Museu Imperial de Petrópolis
Arquivo do Instituto Histórico e Geográfico Brasileiro
Archives de la Maison de France, Paris
Arquivo Histórico do Itamaraty, Rio de Janeiro

Obras consultadas

ACTON, Harold. **Gli ultimi borboni di Napoli**. Milano: Ed. Martello, 1960.

ACTON, Harold. **I Borbon di Napoli**. Milano: Ed. Martello, 1961.

ALMEIDA, Washington Perry de. O Príncipe de Joinville. **Revista IHGB**, Rio de Janeiro, v. 292, p. 156-174, 1971.

AMECCHINO, Raimondo. **Storia di Pozzuoli e della Zona Flegrea**. Pozzuoli: [s. n.], 1962.

ÁQUILA, Don Luigi di Borbone. Ragguaglio a sua Reale Maestà Ferdinando 2o, sulle ultime perepezie a Rio de Janeiro nell'Ottobre de 1844. **Arquivo Borbonico di Napoli**, [s. d.].

ARCHI, Antonio. **Gli ultimi Asburgo e gli ultimi Borboni in Italia (1814-1861)**. [s. l.]: Capelli Ed., 1965.

ABSBURGO, Arquiduque Fernando Maximiliano. **Aus meinem Leben**. Estampa de Bar e Herrmann. Leipzig: Duncker & Humblot, 1867. 4 v.

AVELLA, Aniello Angelo. **Contributi napoletani allas storia dela cultura brasiliana del secolo XIX**. AISOI, Centro Virtuale Cervantes. [s. l.]: [s. n.], [s.d.]. p. 177-182.

AVELLA, Aniello Angelo. **Una napoletana Imperatrice ai Tropici**. Teresa Cristina di Borbone sul Trono del Brasile. Roma: Edizioni Exorma, 2012.

BAGNOLI, Pierluigi Sanfelice di. **Santo Protettore dela Città di Napoli**. Napoli: Art. Graf. S.a.S., 2007.

BALBIANO d'ARAMENGO, Maria Teresa. **Maria Cristina di Savoia**. Roma: Paoline, 1982.

BALLARATI, Antonino. **La storia proibita dei Borbone**: Regno delle Due Sicilie, nient'altro che la verità. Napoli: Juppiter Edizioni, 2018.

BARMAN, Roderick J. **Princesa Isabel do Brasil**: gênero e poder no séc. XIX. São Paulo: Editora Unesp, 2005.

BARRAL, Condessa de. **Cartas a suas majestades (1859-1890)**. Rio de Janeiro: Arquivo Nacional, 1977.

BASCAPÈ, G. C. **L'Insigne Reale Ordine di San Gennaro**: storia e documenti. Napoli: L'Arte Tipografica, 1963.

BENEZIT, E. **Dictionaire des peintres, sculpteurs, dessinateur et de graveurs**. Paris: Gründ, 1999. 14 v.

BENIGNO, Francesco. **La Mala Setta**: alle origini di mafia e camorra 1859-1878. Torino: Giulio Einaudi, 2013.

BORBONE, Luigi Conte d'Áquila. **Enciclopedia italiana di storia**. Lettere ed Arti. Milano: Instituto G. Treccani, 1930. v. 7.

BOURBON, D. Eulália. **Memórias**. Madrid: Castalia, 1991.

BRAGANÇA, Dom Carlos Tasso de Saxe-Coburgo e. **A intriga**: retrospecto de intrincados acontecimentos históricos, e suas consequências no Brasil Imperial. São Paulo: Editora Senac São Paulo, 2012.

BRAGANÇA, Dom Carlos Tasso de Saxe-Coburgo e. As confidências do Visconde de Itaúna à Dom Pedro II. **Revista IHGB**, v. 165, n. 424, p. 89-161, 2004.

BRAGANÇA, Dom Carlos Tasso de Saxe-Coburgo e. As confidências do Visconde de Itaúna à Dom Pedro II: 2ª parte. **Revista IHGB**, v. 166, n. 429, p. 11-60, 2005.

BRAGANÇA, Dom Carlos Tasso de Saxe-Coburgo e. As confidências do Visconde de Itaúna à Dom Pedro II: 3ª e última parte. **Revista IHGB**, v. 167, n. 430, p. 263-317, 2006.

BRAGANÇA, Dom Carlos Tasso de Saxe-Coburgo e. **Dom Pedro II na Alemanha** – uma amizade tradicional. São Paulo: Editora Senac São Paulo, 2014.

BRASIL. Secretaria da Câmara dos Deputados. **Fallas do throno**: desde o anno de 1823 até o anno de 1889. Rio de Janeiro: Imprensa Nacional, 1889.

BUTTÀ, Giuseppe. **Un viaggio da Boccadifalco a Gaeta**: Memoria della Rivoluzione 1860 – 1861. Brindisi: Trabant, 2009.

Referências

CALLÀ-ULLOA, Pietro. **Il Regno di Ferdinando II**. Napoli: Scientifiche Italiane, 1967.

CALMON, Pedro. **História de Dom Pedro II**. Rio de Janeiro: Livraria José Olympio Ed., 1975. 5 v.

CALMON, Pedro. **História de Minas e "memórias" de Nogueira da Gama**. São Paulo: José Olympio, 1985. v. 199. (Col. Documentos Brasileiros).

CAMPOLIETI, Giuseppe. **Il Re Bomba**: Ferdinando II, il Borbone di Napoli che per primo Lottò Contro L'Unità D'Italia. Milano: Ed. Arnaldo Mondadori, 2001.

CASTRONUOVO, Sandro. **I Cinque Borbone**: La Dinastia Napoletana dal 1734 al 1860. Napoli: Centro Stampa Edizioni, 2000.

CAVOUR, Carteggi di Camillo. **La liberazione del Mezzogiorno e la formazione del Regno d'Italia**. Bologna: Nicola Zanichelli, 1949a. v. 1.

CAVOUR, Carteggi di Camillo. **La liberazione del Mezzogiorno e la formazione del Regno d'Italia**. Bologna: Nicola Zanichelli, 1949b. v. 2.

CIANO, Antonio. **I Savoia e il Massacro del Sud**. Torrazza: AliRibelli Edizioni, [*s. d*.a].

CIANO, Antonio. **Il Regno delle Due Sicilie**. [*s. l.*]: AliRibelli Edizioni, [*s. d.*b].

CONDE D'ÁQUILA. [**Carta enviada ao capitão de fragata Antonio Palumbo**]. Destinatário: Antonio Palumbo. Rio de Janeiro, 24 jun. 1844. Arquivo da família Palumbo. Arquivo particular da família. Nápoles, Itália.

CONDE D'ÁQUILA. [**Carta enviada ao irmão**]. Destinatário: o rei Ferdinando II, de Nápoles. Rio de Janeiro, 1844. Arquivo Borbônico de Nápoles.

CONDE e Condessa d'Áquila. Notícia documentada dos negócios em Londres de suas Altezas Imperiais e Reaes os senhores Conde e condessa d'Áquila. Panfleto com 61 páginas. Livraria Educadora, Rua São José, 17, Rio. Apud Bibliotéca do Museu Imperial de Petrópolis.

CONDE NEY. [**Carta ao rei de Nápoles**]. Destinatário: rei Ferdinando II. Rio de Janeiro, 1844. Arquivo Borbônico de Nápoles.

CONDE RECHBERG. [**Carta enviada ao Chanceller Metternich**]. Destinatário: Chancelier Metternich. Viena, 1844. Arquivo Imperial de Viena, Áustria.

CUNHA, Francisco. **Reminiscências**: Propaganda contro o Império, na Imprensa e na Diplomacia – 1870 a 1910. Rio de Janeiro: Imprensa Nacional, 1914.

DONA ISABEL. [**Carta a sua irmã**]. Destinatária: Dona Leopoldina, duquesa de Saxe. São Cristóvão, 1870. Arquivo do Museu Imperial, Petrópolis.

DONA JANUÁRIA. [**Carta enviada a seu irmão**]. Destinatário: Dom Pedro II. Nápoles, 22 mar. 1859. Arquivo do Museu Imperial, Petrópolis.

DONA JANUÁRIA. [**Carta enviada a seu irmão**]. Destinatário: Dom Pedro II. Nápoles, 1860a. Arquivo do Museu Imperial, Petrópolis.

DONA JANUÁRIA. [**Carta enviada a seu irmão**]. Destinatário: Dom Pedro II. Nápoles, 1860b. Arquivo do Museu Imperial, Petrópolis.

DONA JANUÁRIA. [**Carta enviada a seu irmão**]. Destinatário: Dom Pedro II. Nápoles, 1863. Arquivo do Museu Imperial, Petrópolis.

DONA JANUÁRIA. [**Carta enviada a seu pai**]. Destinatário: Dom Pedro I. Rio de Janeiro, 1833. Correspondências imperiais. Instituto Histórico Geográfico Brasileiro, Rio de Janeiro.

DUSSIEUX, L. **Généalogie de la Maison de Bourbon**. Paris: J. Lecoffre, 1872.

FERDINANDO II. [Carta enviada a seu irmão]. Destinatário: Conde d'Áquila. Nápoles, 1844. Arquivo Borbônico de Nápoles.

FLEIUSS, Max. **Páginas brasileiras**. Rio de Janeiro: Imprensa Nacional, 1919.

FLORESTA, Nísia. **Trois ans en Italie, suives d'un voyage en Gréce**. [*s. l.*]: [*s. n.*], 1864. v. 1.

FLORESTA, Nísia. **Trois ans en Italie, suives d'un voyage en Gréce**. [*s. l.*]: [*s. n.*], [*s. d.*]. v. 2.

FORTE, Nicola. **Viaggio nella memoria persa del Regno delle Due Sicilie**. Napoli: Ed. Imaeganaria, 2007.

FRANÇA, Mario Ferreira. O casamento da princesa imperial d. Januária e a medicina na época. **Revista IHGB**, v. 2, p. 35-80, 1975.

GALASSO, G. I **Borboni delle Due Sicilie**. Roma: Italia, 1992.

GUARDIONE, Francesco. **Il Dominio dei Borboni in Sicilia dal 1830 al 1861**. Torino: [*s. n.*], 1907. 2 v.

GUARIGLIA, Ricardo. **Real corrispondenza**. Rio de Janeiro/Napoli: [*s n.*], 1844; Brasília: Thessaurus, 2007.

ISENBURG, Teresa. **Naturalistas italianos no Brasil**. São Paulo: Arquivo do Estado, 1991.

JAEGER, Pier Giusto. **Francesco II di Borbone**: L'ultimo Re di Napoli. Milano: A. Mondadori, 1982.

JOBIM, José Martins da Crus. [**Carta enviada ao imperador**]. Destinatário: o imperador d. Pedro II. Paris, 7 de janeiro de 1845. Arquivo do Museu Imperial de Paris, doc. 5.252.

JOINVILLE, Príncipe de. Diario. **Anuário do Museu Imperial**, Petrópolis, n. 11, p. 177, 1950.

JORNAL DO COMMERCIO. Rio de Janeiro, 18 abr. 1844a. Arquivo Borbónico de Nápoles, recorte n. 246 anexado à carta do conde d'Áquila ao irmão rei Ferdinando II.

JORNAL DO COMMERCIO. Rio de Janeiro, 18 abr. 1844b. Arquivo Borbónico de Nápoles, recorte n. 286 anexado à carta do conde d'Áquila ao irmão rei Ferdinando II.

KARENBROUCK, Patrick. **La Maison de Bourbon**. 2. ed. Villeneuve d'Ascq: [*s. n.*], 2004.

LACOMBE, Américo Jacobina. **O mordomo do imperador**. Rio de Janeiro: Editora Biblioteca do Exército, 1994.

LACRIOLA, Michele. **Patrioti o traditori?** Gli ufficial della Marina napoletana nella crisi e fine delle Due Sicilie. Soveria Mannelli, Università degli Studi di Salerno, Rubbettino Editore, 88049, 2021.

LACRIOLA, Michele. Un Principe Marinaio. La figura di Luigi di Borbone, conte d'Aquila, nella crisi della Marina delle Due Sicilie. **Il Risorgimento**, v. 65, n. 2, 2018.

LANGSDORFF, Baronesa E. de. **Diário da Baronesa** E. de Langsdorff. Florianópolis: Mulheres, 1999.

LEONI, Francesco. **Il Governo Borbonico in Esilio (1861-1866)**. Napoli: Guida, 1977.

LIVRO 11 da Mordomia do Palácio Imperial. Rio de Janeiro: Arquivo Nacional, 1842.

LYRA, Heitor. **História de dom Pedro II**. Belo Horizonte/São Paulo: Itatiaia/Edusp, 1977. 3 v.

MARIZ, Vasco. O Império Brasileiro e o Reino de Nápoles e das Duas Sicílias. **Revista IHGB**, v. 438, 2008.

MARIZ, Vasco. **Retratos do Império**. Rio de Janeiro: TopBooks, 1916.

MAZZOLENI, Jole. **Archivio Borbone**. Inventário Sommario, Ministero dell'Interno. [*s. l.*]: [*s. n.*], 1961. v. 1.

MAZZOLENI, Jole. **L'Archivio Riservato di Ferdinando II di Borbone**. Atti dell'Academia Pantoniana. Nuova Serie. Napoli: [*s. n.*], [*s. d.*]. v. 7.

OLIVA, Gianni. **Un regno che é stato grande**: La storia negata dei Borboni di Napoli e Sicilia. Milano: A. Mondadori, 2021.

PARSCHL-BICHLER, Gabriele. „**Ich bin bloß Corvetten Capitaen**". Private Briefe Kaiser Maximilians und seiner Familie. Wien: Esd. Ueberreuter, 1906.

PERSANO, Carlo Pellion di. **Diario privato-politico-militare dell'Ammiraglio C. Di Persano**. 4. ed. Torino: Roux e Favale, 1880.

PETACCO, Arrigo. **Die Heldin von Gaeta**. Graz: Styria, 1994.

RADOGNA L. **Storia della Marina Militare delle Due Sicilie (1734-1860)**. Milano: [*s. n.*], 1978.

RAFFARD, Henri. Depoimentos acerca de pessoas e cousas do Brasil. **Revista IHGB**, n. 61, 1891.

RUSINS, Alfredo Teodoro. Casamento de dom Pedro II. **Anuário do Museu Imperial n. 5**, 1944.

RUSSO, Filippo. **Ferdinando II di Borbone**. Verona: Fede e Cultura, 2007.

SALADINO, Antonio. **L'estrema difesa del Regno delle Due Sicilie**. [*s. l.*]: [*s. n.*], Aprile-Settembre 1960.

SPAGNOLETTI, Angeloantonio. **Storia del Regno delle Due Sicilie**. Bologna: Soc. Ed. Il Mulino, 1997.

TERESA CRISTINA. [**Carta enviada ao irmão**]. Destinatário: Conde d'Áquila. Rio de Janeiro, 1844. Arquivo Borbônico de Nápoles, Itália.

TOPA, Michele. **Così finirono i Borbone di Napoli**. Napoli: Fiorentino, 1990.

VIANNA, Hélio. **Estudos de História Imperial**. São Paulo: Editora Nacional, 1950. v. 269. (Col. Brasiliana).

Referências

VRIGNAULT, Henry. **Généralogie de la Maison de Bourbon**. Paris: Henryi Lefebvre, 1957.

WEHRS, Carlos. Dom Filipe de Bourbon no Brasil. **Revista IHGB**, n. 403, p. 425-467, 1999.

ZAZO, Alfredo. **L'Esilio del Conte d'Aquila**. Samnium: Pubblicazione Benevento XIV, 1936. p. 272- 286.

ZAZO, Alfredo. **Le congiure del Conte d'Aquila**. Samnium: Ricerca e Studi Storici, 1956.